Es war einmal ...

Martina Samp erzählt deutsche Märchen

Matthew Cholmondeley
January 2020

Written by Martina Samp
Illustrations by Barb Fabing
Compiled by Matt Cholmondeley

Cholmonco, Inc.
2019

Cholmonco, Inc.
www.cholmonco.com

Inhalt

Accessing the Audio

Audio recordings of these stories are available online and can be accessed using the internet links at the bottom-right of the first page of each story. The small, speckled squares above the URLs are called QR Codes, or Quick Response Codes. These are mobile phone readable bar codes for quickly and easily visiting websites without having to type on your phone. You can listen to Martina Samp read each story either by typing in the URL below the QR Code into a web browser, or by using an app on your smart phone to scan the QR Code.

There are many free QR Code Reader apps available. Just search for "QR Code Reader" and install the app which appeals to you. Simply open the app, point your phone at the QR Code, and click a button to go to the website to listen to the recording. It works just like typing the URL .... except with no typing.

Zugriff auf das Audio

Audioaufnahmen dieser Geschichten sind online verfügbar und können über die Internet-Links abgerufen werden. Die kleinen, gesprenkelten Quadrate über den URLs werden als QR-Codes oder Quick Response Codes bezeichnet. Hierbei handelt es sich um vom Mobiltelefon lesbare Strichcodes, mit denen Sie Websites schnell und einfach besuchen können, ohne auf Ihrem Telefon etwas eingeben zu müssen. Sie können sich anhören, wie Martina Samp jede Geschichte liest, indem Sie die URL unter dem QR-Code in einen Webbrowser eingeben oder eine App auf Ihrem Smartphone zum Scannen des QT-Codes verwenden.

Es gibt viele kostenlose QR-Code-Reader-Apps. Suchen Sie einfach nach "QR Code Reader" und installieren Sie die App, die Sie anspricht. Installieren und öffnen Sie einfach die App, richten Sie Ihr Telefon auf den QR-Code und klicken Sie auf eine Schaltfläche, um zur Website zu gelangen, auf der Sie die Aufzeichnung anhören können. Es funktioniert genauso wie das Eingeben der URL .... außer ohne Eingabe.

Acknowledgements

Martina Samp came to Cincinnati and astounded her studio technician by recording the master non-stop and without re-takes. Martina had had practice, though, having told these tales many times over the years to her two children in her clear voice at a moderate, easy-to-follow pace.

The folk tales selected are timeless and make excellent vehicles for teaching intermediate German. The German spoken texts remain as Martina originally recorded them; however, the written texts have been altered to reflect the "neuen deutschen Rechtschreibregeln" (Orthographic changes) mandated in Germany in the 1990s.

The mechanics of compiling and publishing the book and audio fell to Gregory Cholmondeley. He has written several novels: Nakiwulo and the Circle of Shiva, Princess, and his most recent fantasy trilogy: The Chronicles of Mearth. Greg used his technical expertise to pull this book together and link it with the online recordings.

Matthew C. Cholmondeley

Vorbemerkungen

Frau Samp stammt aus dem Bilderbuchstädtchen Zittau in Ostdeutschland, der ehemaligen DDR. Zittau, die historische Kleinstadt im Dreiländereck zwischen Deutschland, Polen und Tschechien ist auch aufgrund seiner Lage im kleinsten Mittelgebirge Deutschlands bekannt und ein beliebtes Ziel von zahlreichen Touristen.

Frau Samp hat bereits Deutsch als Fremdsprache für Erwachsene auf Hochschulniveau sowohl in Europa als auch in Amerika unterrichtet und bereitet ausländische Studierende sprachlich auf ein Hochschulstudium in Deutschland vor. Zu ihren Aufgaben gehört ebenfalls die Durchführung von Sprachprüfungen zur Erlangung der Hochschulzugangsberechtigung. Sie ist der Meinung, dass Grimms Märchen eine ausgezeichnete Möglichkeit bieten, Deutsch Lernenden Sprache und Kultur näher zu bringen, und präsentiert dies auf ihre ihr eigene wundervolle Art.

Die Hörtexte sowie das Text- und Arbeitsbuch sind hervorragend zur Entwicklung von Hörverstehen, Lexik, Orthographie und Grammatik auf mittlerem und fortgeschrittenem Niveau für Lernende aller Altersklassen geeignet. Da sich nicht nur der exakte Wortlaut der Hörtexte im Arbeitsbuch befindet, sondern auch Übungen zu Grammatik, Wortbildung und Orthographie sowie die Lösungen zu den Übungen, lässt sich das Material ausgezeichnet sowohl im Unterricht als auch für das Selbststudium nutzen.

Die herzerfrischende Erzählweise, die Klarheit von Sprache und Aussprache sowie die äußerst angenehme Stimme von Frau Samp zeichnen dieses Material besonders aus. Das Text- und Arbeitsbuch wurde von Barb Fabing illustriert.

Hans im Glück

Es war einmal ein junger Bursche, der hatte sieben Jahre lang bei einem reichen Kaufmann gearbeitet. Nach den sieben Jahren sprach der Kaufmann: "Hans, komm zu mir! Heute sollst du deinen Lohn bekommen. Du hast sieben Jahre bei mir gearbeitet und mir treu gedient. Als Lohn sollst du einen Klumpen Gold bekommen, so groß wie dein Kopf." Hans war einverstanden und zog glücklich mit seinem Klumpen Gold davon. Als er eine Zeit gegangen war, wurde ihm der Klumpen Gold ziemlich schwer. Und Hans dachte bei sich: "So ein guter Lohn war das nicht. Ich muß den schweren Klumpen Gold hier tragen. Was habe ich davon?" Da traf er einen Reiter und Hans dachte: "Der Reiter hat's gut. Der sitzt auf seinem Pferd und muss nicht laufen. Und ich?! Ich schleppe hier den schweren Klumpen Gold." Als der Reiter herangekommen war, grüßte der Reiter Hans: "Was hast du da Gutes unter deinem Arm?" "Oh, das ist ein Klumpen Gold", antwortete Hans. "Ich habe sieben Jahre beim Kaufmann gearbeitet und das ist mein Lohn. Aber ich bin es schon müde, den Klumpen

www.cholmonco.com/ewe015749.mp3

Gold durch die Welt zu tragen. Was habe ich davon?" Der Reiter wollte natürlich den großen Klumpen Gold haben und witterte ein Geschäft. Und so sprach er: "Tja weißt du, du tust mir leid. Willst du mein Pferd? Ich tausche mit dir. Du gibst mir den Klumpen Gold und du bekommst mein Pferd." Hans fragte ungläubig: "Das würdet Ihr für mich tun? Ihr würdet mir Euer Pferd geben?" Hans war überglücklich, tauschte mit dem Reiter das Pferd gegen den Klumpen Gold und er setzte sich auf das Pferd und ritt davon.

Nach einer Zeit wollte Hans natürlich etwas schneller reiten und so gab er dem Pferd die Sporen. Doch das Pferd wollte nicht so, wie Hans wollte. Und das Pferd warf den Reiter ab. Da saß Hans am Boden und hielt sich den Rücken: "Oh, du böses Pferd! Du bist auch kein guter Lohn." Da sah er von weitem einen Bauern mit einer Kuh kommen. Der Bauer sah das schöne Pferd und sprach: "Was hast du für ein wunderschönes Pferd? Das steht gut im Fleisch." Hans sprach: "Nein, das ist kein gutes Pferd. Es hat mich gerade abgeworfen. Das ist ein schlechter Lohn für meine Arbeit. Ich habe es nämlich schon eingetauscht gegen einen Klumpen Gold, den musste ich auch zuerst durch die Welt schleppen." Auch der Bauer ahnte ein Geschäft und sprach: "Sieh doch meine Kuh. Willst du meine Kuh? Du hast jeden Tag frische Milch und wenn du die Kuh nicht mehr möchtest, dann kannst du sie schlachten und hast auch noch Fleisch." "Das ist ein gutes Geschäft", dachte Hans, tauschte mit dem Bauern Kuh gegen Pferd und zog mit der Kuh davon.

Als er eine Zeit gegangen war, bekam Hans Durst und dachte: "Jetzt werde ich mir Milch von meiner Kuh geben lassen." Hans setzte sich vor die Kuh und wollte die Kuh melken. Doch da Hans das Melken nicht gelernt hatte, versetzte ihm die Kuh nur einen kräftigen Tritt. Hans wurde böse und rief: "Was ist das für ein Tag heute! Ich habe aber auch ein Pech. Die Kuh ist auch kein guter Lohn." Dies hörte ein Bauer, der gerade mit seinem Schwein daher kam, das er auf dem Markt verkaufen wollte. "Was schmipfst du so?" sprach er zu Hans. "Ach, ich habe die Kuh gegen ein Pferd getauscht. Das Pferd war böse, es hat mich abgeworfen. Das Pferd hatte ich gegen einen Klumpen Gold getauscht, denn der Klumpen Gold war schwer. Aber die Kuh ist auch kein gutes Geschäft. Sie gibt mir keine Milch. Sie gibt mir nur einen Tritt." Der Bauer witterte natürlich wieder ein Geschäft und sprach: "Willst du nicht mein Schwein haben? Du kannst das Schwein schlachten und dann hast du Speck und Fleisch und Wurst." "Das ist ein gutes Geschäft", dachte Hans, tauschte die Kuh gegen das Schwein und zog mit dem Schwein davon.

Als er eine Zeit gegangen war, kam er in ein Dorf mit seinem Schwein. Dort sah er einen Mann mit Scheren und Messern. Der Mann war ein Scherenschleifer. Er schliff die Messer und die Scheren und in seinem Beutel klingelte Geld. "Was machst du da?" fragte Hans. "Ich schleife Scheren und Messer und das bekomme ich bezahlt." "Ist das ein gutes Geschäft?" fragte Hans. "Natürlich!" sprach der Scherenschleifer. Hans überlegte und sprach: "Willst du nicht mit mir tauschen? Ich geb' dir mein Schwein und ich nehme deine Steine. Dann kann ich Scheren und Messer schleifen und verdiene auch viel Geld." Der Scherenschleifer dachte bei sich: "So ein Dummkopf", und sprach: "Natürlich! Ich würde es für dich machen, auch wenn es mir schwerfällt." Hans bettelte noch ein Weilchen, bis der Scherenschleifer ihm die Steine gab und mit dem Schwein davonzog. Hans nahm die Steine und lief weiter. Er lief und lief und lief und die Steine wurden ihm immer schwerer. Da kam er zu einem Brunnen und dachte: "Ich werde erst einmal etwas Wasser trinken." Er legte die Steine auf den Brunnenrand und wollte Wasser trinken. Doch als er sich über den Brunnenrand beugte, da fielen die Steine ins Wasser. Da dachte Hans: "Was hab' ich heute für ein Glück! Nun muss ich die schweren Steine nicht mehr tragen und bin aller Sorgen ledig."

Und so zog Hans fröhlich und vergnügt nach Hause. Doch Lohn konnte er nun keinen mit nach Hause nehmen.

Die sieben Geißlein

Es war einmal eine alte Ziege, die lebte mit ihren sieben Geißlein im Walde. Eines Tages sprach die alte Ziege zu ihren sieben Geißlein: "Ich will hinaus in den Wald gehen und Beeren und Kräuter sammeln. Seid schön brav und bleibt im Haus und öffnet niemandem die Tür! Im Wald wohnt der böse Wolf." "Ja, ja Mutter!" sprachen die Geißlein. "Wir wollen's schon recht machen." Die alte Ziege nahm ihren großen Korb und zog hinaus in den Wald. Es dauerte nicht lange, da kam der Wolf zu dem Haus, denn er hatte gesehen, wie die alte Ziege in den Wald gegangen war. Der Wolf klopfte an die Tür und sprach: "Macht auf ihr lieben Geißlein! Eure liebe Mutter ist da und hat für jeden von euch etwas mitgebracht. Schnell, macht auf die Tür!" Doch die sieben Geißlein hörten, dass das nicht die Stimme der Mutter war, und sie riefen: "Nein, du bist unsere Mutter nicht. Unsere Mutter hat eine schöne helle Stimme. Deine Stimme aber ist tief und rau. Du bist der böse Wolf."

Da lief der Wolf davon und ging zum Kaufmann. Er sprach zum Kaufmann: "Los, gib

www.cholmonco.com/ewe020754.mp3

mir Kreide her! Ich brauche Kreide." Der Kaufmann hatte große
Angst vorm Wolf und gab ihm sofort die Kreide. Der Wolf nahm die
Kreide und fraß sie auf. Dadurch wurde die Stimme des Wolfes
heller. So lief er wieder zu dem Haus, klopfte an die Tür und rief:
"Macht auf, ihr lieben Kinderlein! Eure liebe Mutter ist da und hat
jedem von euch etwas mitgebracht. Kommt, macht die Tür auf!"
Doch die sieben Geißlein sahen im Fenster die schwarze Pfote des
Wolfes liegen und sie riefen: "Nein, du bist nicht unsere Mutter.
Unsere Mutter hat eine schöne weiße Pfote. Deine Pfote aber ist
schwarz. Du bist der böse Wolf. Nein, wir öffnen dir die Tür nicht."

Da lief der Wolf wieder davon. Diesmal ging er zum Bäcker und
sprach: "Los Bäcker, streich mir Teig auf meine Pfote." Der Bäcker
sprach: "Nein, das tu' ich nicht. Du führst wieder etwas Böses im
Schilde. Ich schmier' dir keinen Teig auf deine Pfote." Doch da zeigte
der Wolf seine großen spitzen Zähne und der Bäcker bekam große
Angst und strich dem Wolf Teig auf seine Pfote. Danach lief der Wolf
zum Müller und sprach zum Müller: "Schnell Müller, streu mir Mehl
auf meine Pfote!" Auch der Müller hatte große Angst vor dem Wolf,
und so streute er dem Wolf das Mehl auf die Pfote. So lief der Wolf
wieder zurück zu dem Haus. Er klopfte an die Tür und rief mit heller
Stimme: "Macht auf, ihr lieben Kinder! Eure liebe Mutter ist da und
hat jedem von euch etwas mitgebracht. Kommt! Macht auf die Tür!"
Die Geißlein riefen: "Zeig uns zuerst deine Pfote, dass wir wissen,
dass du unsere liebe Mutter bist." Da legte der böse Wolf seine Pfote,
die mit Teig beschmiert und mit Mehl bestreut war, ins Fenster. Die
sieben Geißlein sahen die weiße Pfote des Wolfes und nun dachten
sie: "Ja, das ist die Mutter." Und so öffneten die sieben Geißlein die
Tür. Doch als sie die Tür geöffnet hatten, sahen sie, dass es der böse
Wolf war. Doch nun war es zu spät. Der Wolf lief durch das Zimmer
und wollte die Geißlein fangen. Schnell versuchten sich alle sieben
Geißlein zu verstecken. Das erste Geißlein sprang ins Bett. Das
zweite Geißlein wollte sich unterm Bett verstecken. Das dritte
Geißlein kroch auf den Schrank. Das vierte Geißlein versteckte sich
unter dem Tisch. Das fünfte Geißlein sprang schnell in den Schrank
und das sechste Geißlein sprang schnell hinter die Tür. Das siebente
Geißlein aber versteckte sich im Uhrkasten. Der Wolf suchte die
sieben Geißlein … und er fand alle. Bis auf eins. Das siebente, das
kleinste Geißlein im Uhrkasten, fand er nicht. Der Wolf verschluckte
die Geißlein und zog davon.

Es verging eine Zeit und da kam die alte Ziege aus dem Wald zurück. Schon von weitem sah sie die offene Tür und hatte große Angst um ihre Geißlein. Sie lief zu ihrem Haus, trat in das Haus und sah, dass das Haus leer war. Sie rief alle sieben Geißlein beim Namen, doch kein Geißlein antwortete ihr. Doch als die Ziege den Namen des siebenten Geißleins rief, hörte die Ziege ein leises Stimmchen: "Hier, liebe Mutter, hier! Ich bin im Uhrkasten." Da trat die alte Ziege zum Uhrkasten, öffnete ihn und sah ihr siebentes Geißlein. Freudig schloss sie ihr siebentes Geißlein in die Arme. Das Geißlein erzählte der Mutter, wie sich alles zugetragen hatte. Die Ziege war traurig und weinte. Doch das siebente Geißlein sprach: "Liebe Mutter, bitte sei nicht traurig! Komm! Wir wollen den Wolf suchen. Vielleicht können wir die Geschwister noch retten."

Die Ziege zog mit dem siebenten Geißlein hinaus in den Wald. Und als sie eine Weile gegangen waren, sahen sie auch wirklich den Wolf. Er war so sattgefressen von den Geißlein, dass er müde geworden war und sich unter einen Baum gelegt hatte. Dort war er auch sofort eingeschlafen. Schon von weitem hörten die Ziege und das Geißlein das Schnarchen des Wolfes. Leise schlichen sie zu dem Wolf. Und als sie bei dem Wolf angekommen waren, hörten sie die ängstlichen Stimmchen der sechs anderen Geißlein. Die alte Ziege sprach zum siebenten Geißlein: "Hörst du das? Die anderen Geißlein leben noch. Schnell, lauf zurück zum Haus! Hol eine Schere, Nadel und Faden." Das siebente Geißlein lief zurück zum Haus und holte Schere, Nadel und Faden. Danach lief das siebente Geißlein, so schnell es konnte, wieder zurück zur Mutter. Dort angekommen nahmen sie die Schere und schnitten dem Wolf den Bauch auf. Da sprangen die sechs anderen Geißlein aus dem Bauch des Wolfes heraus. Alle umarmten sich herzlich und freuten sich. Doch die alte Ziege sprach: "Kommt schnell! Wir wollen dem Wolf den Bauch mit Wackersteinen füllen." Die Geißlein sammelten schnell Steine und füllten die Steine in den Bauch des Wolfes. Dann nahm die alte Ziege Nadel und Faden und nähte den Bauch wieder zu. Dann versteckten sich die Ziege und die sieben Geißlein.

Nach einer Weile rekelte sich der Wolf und wurde wach. Er sprach: "Oh, was habe ich für einen Durst! Ich muss zuerst etwas trinken." Der Wolf stand auf und wollte zum Brunnen laufen. Doch da spürte er, dass sein Bauch so schwer war, und er sprach: "Was rumpelt und pumpelt nur in meinem Bauch herum? Ich dacht', es wären sieben Geißlein, doch jetzt sind's, glaub' ich, lauter

Wackersteine." Der Wolf schleppte sich zum Brunnen und wollte Wasser trinken. Doch als sich der Wolf über den Brunnen beugte, zogen die schweren Steine den Wolf in den Brunnen hinein. Und der Wolf musste jämmerlich ertrinken. Da kamen die alte Ziege und die sieben Geißlein aus ihrem Versteck hervor und tanzten fröhlich um den Brunnen und sangen: "Der Wolf ist tot. Der Wolf ist tot." Und lebten von da an glücklich und zufrieden. Und wenn sie nicht gestorben sind, dann leben sie noch heute.

Rotkäppchen

Es waren einmal ein Mann und eine Frau, die hatten eine schöne Tochter. Das Mädchen hatte auch eine Großmutter und die Großmutter wohnte im Wald. Einmal schenkte die Großmutter dem Mädchen eine rote Kappe. Und weil das Mädchen so schön aussah in dieser roten Kappe, wurde es seitdem nur noch das Rotkäppchen genannt.

Es trug sich zu, dass die Großmutter von Rotkäppchen eines Tages krank im Bett lag. Da sprach die Mutter zu Rotkäppchen: "Komm, liebes Rotkäppchen! Hier hast du einen Korb mit Kuchen und Wein. Bringe das bitte zur Großmutter, dass sie wieder gesund wird! Du musst aber durch den Wald laufen. Komme nicht vom Weg ab! Bleibe immer schön auf dem Weg, denn im tiefen Wald wohnt der böse Wolf." "Nein, nein Mutter! Ich will's schon so machen. Ich bleibe schön auf dem Weg und laufe bis zur Großmutter und bringe ihr Kuchen und Wein. Dann wird sie schnell gesund." Rotkäppchen nahm ihre rote Kappe und den Korb mit Kuchen und Wein und ging los.

Als Rotkäppchen eine Zeit auf dem Weg durch den Wald gelaufen war, trat plötzlich der Wolf aus dem Wald und sprach mit freundlicher Stimme: "Guten Tag, liebes Rotkäppchen. Wohin gehst du denn?" "Ich geh' zu meiner Großmutter", antwortete Rotkäppchen. "Zur Großmutter? Wo wohnt die denn?" "Meine Großmutter wohnt im Wald, unter den drei Eichen, in dem kleinen Häuschen. Kennst du das nicht?" "Doch, doch! Das kenne ich", antwortete der Wolf. Er sprach: "Aber willst du nicht für deine Großmutter ein paar wunderschöne Blümchen hier pflücken? Sieh doch die schönen, schönen Blumen überall! Die Großmutter freut sich darüber bestimmt und wird viel schneller gesund." Rotkäppchen aber sprach: "Die Mutter hat's verboten. Ich weiß nicht, ob ich darf." "Warum denn nicht? Drei oder vier Meter vom Weg, das ist doch nicht so schlimm." Rotkäppchen überlegte und überlegte und dachte: "Warum eigentlich nicht? Ich gehe nur ein Stück vom Weg und pflücke ein paar Blumen. Das ist nicht weiter schlimm." Gesagt, getan. Rotkäppchen setzte sich auf die Wiese und pflückte ein paar schöne Blumen.

Der Wolf aber lief inzwischen zum Haus der Großmutter. Er klopfte an die Tür und die Großmutter rief: "Wer ist denn da?" Der Wolf antwortete mit verstellter Stimme: "Ich bin's, dein liebes Rotkäppchen, liebe Großmutter." "Ach, es ist schon gut", antwortete die Großmutter. "Die Tür steht offen. Komm herein!" Der Wolf öffnete die Tür, ging in das Häuschen, schlich sich zu dem Bett der Großmutter und verschlang sie. Dann nahm er die Schlafmütze, das Nachthemd und die Brille der Großmutter und legte sich damit in das Bett der Großmutter. Rotkäppchen hatte inzwischen genug Blumen gepflückt und lief singend bis zum Häuschen der Großmutter. Rotkäppchen öffnete die Tür und trat ein. Rotkäppchen lief an das Bett der Großmutter und sah die Großmutter im Bett und dachte: "Wie sieht die Großmutter heute nur aus?" Und sie fragte: "Aber Großmutter, was hast du für große Ohren?" Der Wolf antwortete mit verstellter Stimme: "Damit ich dich besser hören kann, mein Kind." Rotkäppchen sprach: "Aber Großmutter, was hast du für große Augen?" "Damit ich dich besser sehen kann", antwortete wieder der Wolf. "Aber Großmutter, was hast du für große Hände?" "Damit ich dich besser packen kann", sprach der Wolf und fasste Rotkäppchen. Rotkäppchen fragte ängstlich: "Aber Großmutter, was hast du für einen entsetzlich großen Mund?" Da rief der Wolf: "Damit ich dich besser fressen kann", und verschlang das arme kleine Rotkäppchen. Danach schlief der Wolf zufrieden ein.

Genau in diesem Moment aber kam der Jäger vorbei und hörte den Wolf schnarchen und er dachte: "Was schnarcht die alte Frau heute so sehr?" Und er öffnete die Tür und ging an das Bett der Großmutter. Da sah er, dass im Bett der Großmutter der Wolf lag. Schnell holte er das Messer aus seinem Rucksack und schnitt dem Wolf den Bauch auf. Oh, da hatten sie aber Glück! Die Großmutter und das Rotkäppchen waren noch gesund und lebendig. Schnell sprangen Großmutter und Rotkäppchen aus dem Bauch des Wolfes heraus. Der Jäger aber nähte schnell den Bauch des Wolfes wieder zu. Dann fesselten sie den Wolf und trugen ihn in einen Tierpark und dort musste der böse Wolf sein Leben lang bleiben und durfte nicht mehr zurückkehren in den Wald.

Rotkäppchen, die Großmutter und Mutter und Vater aber lebten glücklich und zufrieden zusammen. Und Rotkäppchen blieb immer schön auf dem Weg, wenn es zur Großmutter ging.

Die Bremer Stadtmusikanten

Es war einmal ein Esel, der hatte viele Jahre einem Müller treu gedient und die Säcke tagein, tagaus zur Mühle getragen. Doch nun war der Esel alt und konnte die schweren Säcke nicht mehr zur Mühle tragen. Und jeden Tag bekam der Esel vom Müller Prügel. Eines Tages dachte der Esel: "Nein, das ist kein Leben mehr. Hier möcht' ich nicht mehr bleiben. Die schwere Arbeit kann ich nicht mehr tun. Ich will hinaus in die weite Welt gehen." Gesagt, getan! Und so ging der Esel hinaus in die weite Welt.

Als er eine Zeit gegangen war, hörte er einen Hund bellen. Der Esel lief zu dem Hund und als er dort angekommen war, sprach er: "Wohin wanderst du? Wohin willst du gehen?" Da sprach der Hund: "Weißt du, ich bin schon so alt. Ich bin von zu Hause weggelaufen. Denn viele Jahre war ich treu bei der Jagd, aber jetzt bin ich alt und schwach und meine Augen können nicht mehr so gut sehen. Und da hat der Jäger beschlossen, mich zu erschießen. Na und da bin ich einfach davongelaufen. Weißt du, ich habe gehört, in Bremen sucht man neue

www.cholmonco.com/ewe045890.mp3

Stadtmusikanten. Vielleicht kann das eine neue Arbeit für mich sein." Der Esel sprach: "Auch ich bin davongelaufen. Wollen wir zusammen nach Bremen gehen?" "Warum nicht?" antwortete der Hund. Und so zogen die beiden zusammen weiter.

Als sie eine Zeit gegangen waren, kamen sie zu einem Hof. Auf dem Hof hörten sie ein fürchterliches Gejammer und Gezeter. Und sie sahen, eine Katze saß auf dem Zaun und jammerte und jammerte zum Steinerweichen. "Was hast du nur?" sprach der Esel zur Katze. "Ach, ach, ach!" klagte die Katze. "Viele Jahre habe ich die Mäuse gefangen, aber jetzt bin ich alt. Meine Zähne sind nicht mehr so scharf und auch meine Krallen können nicht mehr so zupacken. Und ich sitze lieber hinter dem warmen Ofen, als die Mäuse zu jagen. Und ständig prügelt mich die Frau und jetzt will sie mich auch noch ersäufen." "Was jammerst du?" sprach da der Hund. "Komm doch mit uns! Wir wollen nach Bremen. Vielleicht können wir dort als Stadtmusikanten anfangen." "Warum eigentlich nicht?" sprach die Katze. "Gut, ich komme mit euch." Und so zogen die drei zusammen weiter.

Nach einer Zeit kamen sie an einen weiteren Hof. Und auch dort hörten sie schon von weitem einen fürchterlichen Lärm. Als sie zu dem Hof kamen, sahen sie, dass dort eine fürchterliche Jagd im Gange war. Der Bauer jagte hinter einem Hahn hinterdrein. Mit allerletzter Kraft konnte der Hahn sich über den Zaun retten. Völlig erschöpft landete der Hahn vor den Füßen unserer drei Freunde. "Mein Gott, was ist das nur für ein Lärm auf eurem Hof? Was macht ihr nur?" Der Hahn japste nach Luft und sprach: "Viele, viele Jahre habe ich dem Bauern und seiner Frau treu gedient. Jeden Morgen habe ich pünktlich gekräht. Immer habe ich meine Pflicht erfüllt. Aber jetzt bekommen die Leute Besuch und wollen mich in der Suppe kochen." "Du kannst nicht wieder zurückgehen", sprach die Katze. "Komm doch mit uns! Wir wollen nach Bremen. Dort sucht man Stadtmusikanten. Vielleicht können wir dort anfangen." Der Hahn war einverstanden.

Und so zogen unsere vier Stadtmusikanten weiter. Sie liefen den ganzen Tag, bis sie in einen Wald kamen. Als sie in den Wald kamen, wurde es schon langsam dunkel. Der Hahn sprach: "Ich will auf einen hohen Baum fliegen und Ausschau halten. Vielleicht kann ich für uns eine Herberge erkennen." Gesagt, getan! Der Hahn flog auf einen hohen Baum und sah sich um. Und wirklich, in der Ferne sah der Hahn ein kleines Licht blinken. Er sprach zu den anderen

Freunden: "In der Ferne seh' ich ein Licht. Kommt, wir wollen dorthin gehen! Dort ist bestimmt eine Herberge und wir können dort etwas zu essen bekommen und auch übernachten." Die vier Freunde zogen in Richtung des Lichtes und kamen auch bald an ein Häuschen. Aus dem Häuschen drang ein fürchterlicher Lärm an ihre Ohren. Der Esel sprach: "Wir wollen sehen, wer in dem Häuschen wohnt. Und erst dann wollen wir fragen, ob wir etwas zu essen bekommen und auch übernachten können." Gesagt, getan! Der Esel stellte sich an das Fenster. Der Hund sprang auf den Rücken des Esels. Die Katze sprang auf den Rücken des Hundes und der Hahn flatterte oben auf den Rücken der Katze. Und so konnten alle hineinsehen in das Häuschen. Doch oh Schreck, in dem Häuschen wohnten böse Räuber. Sie saßen am Tisch und aßen und tranken und waren übermäßig laut. Die vier Freunde erschraken so sehr, dass der Esel laut iah brüllte, der Hund bellte vor Schreck laut, die Katze miaute und der Hahn krähte ein kräftiges Kikeriki. Doch da erschraken in dem Häuschen die Räuber fürchterlich, denn sie glaubten nichts anderes als ein Ungeheuer käme zu ihrem Häuschen. So sprangen die Räuber schnell auf und rannten aus dem Häuschen davon in den tiefen Wald hinein.

Die vier Freunde waren natürlich glücklich, dass die Räuber aus dem Haus davongelaufen waren. So gingen die vier Freunde in das Häuschen und dort hatten sie genug zu essen. Und da sie den ganzen Tag gegangen waren, hatten sie natürlich alle einen riesengroßen Hunger. Als sich alle sattgegessen hatten, stellten sie fest, dass sie alle doch sehr, sehr müde waren. Und so sprach der Esel: "Kommt, wir wollen uns hinlegen und schlafen. Morgen ist ein neuer Tag und wir werden dann weitersehen." Die Katze legte sich neben den Kamin an die warme Asche. Der Hund legte sich neben die Tür. Der Esel schlief draußen neben dem Misthaufen und der Hahn flatterte auf das Dach und steckte sein Köpfchen unter den Flügel. Dann löschten die Tiere das Licht aus.

In der Ferne aber beobachteten die Räuber natürlich ihr Häuschen. Als das Licht ausgegangen war, sprach der Räuberhauptmann zu einem Räuber: "Du gehst jetzt zu dem Häuschen und siehst nach. Vielleicht ist das Ungeheuer wieder davongezogen." Der Räuber hatte natürlich auch keine Lust. Da aber der Räuberhauptmann böse wurde, blieb ihm nichts weiter übrig. Und so zog der Räuber mit Angst im Herzen zum Häuschen. Beim Häuschen angekommen öffnete der Räuber vorsichtig die Tür. Als er in dem Häuschen stand, sah er die grünen Augen der Katze leuchten. Doch der Räuber dachte, das sei das Feuer im Kamin und ein paar Kohlen glühten noch. Langsam und leise schlich er zu dem Kamin und wollte an den glühenden Kohlen ein Streichholz anzünden. Als er jedoch das Streichholz an das Auge der Katze hielt, erschrak die Katze fürchterlich und sprang dem Räuber ins Gesicht und zerkratzte ihn mit ihren Krallen. Da rannte der Räuber natürlich schnellstens zur Tür, doch da lag der Hund und biss ihn kräftig ins Bein. Draußen am Misthaufen angekommen versetzte ihm der Esel noch einen kräftigen Tritt. Und der Hahn oben auf dem Dach war natürlich auch munter geworden und schrie kräftig kikeriki. Der Räuber rannte, so schnell ihn seine Beine tragen konnten, zu den anderen Räubern zurück. Außer Atem kam er dort an und er sprach: "Wir können nicht zurück in unser Häuschen. Dort wohnen böse, böse Ungeheuer. Neben dem Kamin liegt eine böse Hexe. Die hat mich mit ihren langen Fingernägeln zerkratzt. Neben der Tür steht ein Riese. Der hat mich mit seinem Messer ins Bein gestochen. Und neben dem Misthaufen steht noch ein Ungeheuer. Das hat mich mit einer Holzkeule auf den Kopf geschlagen. Und oben auf dem Dach, da sitzt der Hauptmann und der rief: 'Fangt mir den Dieb! Bringt mir den Räuber hierher!' Und da bin ich natürlich, so schnell mich meine Beine tragen konnten, hierher zurückgelaufen." Da hatten auch die anderen Räuber eine so große Angst, dass sie schnellstens den Wald verließen und in einen anderen Wald zogen.

Der Esel, der Hund, die Katze und der Hahn aber beschlossen am nächsten Tag, in dem Häuschen zu bleiben. Nun wollten sie doch nicht nach Bremen ziehen. Sie hatten ein wunderschönes Häuschen gefunden and lebten dort alle noch viele Jahre glücklich und zufrieden zusammen.

Das Märchen vom Rumpelstilzchen

Es war einmal vor vielen, vielen Jahren, da lebte in einem Dorf der Bauer Kunz. Eines Tages ging er, wie jeden Abend, ins Wirtshaus und dort traf er sich wie immer mit seinen Freunden. Und jeder erzählte, wie klug und fleißig und schön die Kinder seien. Der Bauer Kunz hatte eine wunderschöne Tochter. Und an diesem Abend, nachdem der Bauer Kunz schon ein paar Bier getrunken hatte, sprach er: "Meine Tochter ist nicht nur wunder-, wunderschön und sehr fleißig. Nein, meine Tochter kann Stroh zu Gold spinnen."

An diesem Abend aber trug es sich zu, dass auch ein Diener des Königs in diesem Wirtshaus saß. Dieser Diener hörte das und lief natürlich schnell zu seinem König, um ihm davon zu berichten. Der König schickte einige Diener und Reiter zu dem Bauern Kunz und sie sprachen: "Deine Tochter soll auf das Königsschloss

www.cholmonco.com/ewe054511.mp3

kommen. Sie soll dort Stroh zu Gold spinnen.'"

Die Tochter des Bauern erschrak und sprach: "Das kann ich nicht." Doch die Diener des Königs sprachen: "Wir sollen dich mit auf das Schloss nehmen. Komm bitte mit!" Und so nahmen sie das Mädchen mit auf das Königsschloss.

Der König führte das Mädchen in einen großen Raum, der bis unter die Decke mit Stroh gefüllt war, setzte dem Mädchen ein Spinnrad in den Raum und sprach: "Dein Vater hat recht, du bist ein wunderschönes Mädchen. Spinne mir dieses Stroh zu Gold und ich werde dich reich belohnen!" Damit schloss er die Tür und ging.

Das Mädchen aber saß da und weinte bitterlich, denn es konnte kein Stroh zu Gold spinnen. Wie sollte sie das machen? Sie weinte und weinte. Sie weinte sich die Augen aus dem Kopf. Doch plötzlich, um Mitternacht, stand plötzlich ein kleines, altes, graues Männchen in dem Raum und sprach: "Warum weinst du, schönes Mädchen?" Das Mädchen antwortete: "Ich soll das Stroh zu Gold spinnen. Mein Vater hat das im Wirtshaus erzählt. Aber ich kann es nicht. Was soll ich nur tun? Ich bin verloren." Da sprach das alte Männchen: "Was gibst du mir, wenn ich dir helfe und das Stroh zu Gold spinne?" Das Mädchen antwortete: "Was soll ich dir geben? Ich habe nicht viel. Willst du mein kleines Kettchen haben? Ich hab' es von meiner Mutter bekommen, kurz vor ihrem Tode." "Gut", sprach das Männchen, "ich nehm' dann dein Kettchen und ich spinne dir das Stroh zu Gold." Gesagt, getan. Und das alte Männchen spann das Stroh zu Gold. Im Morgengrauen verschwand das Männchen so schnell, wie es gekommen war.

Als der König den Raum öffnete und das Mädchen mitten in dem Gold sitzen sah, war er überglücklich und freute sich. Und er umarmte das Mädchen. Doch er glaubte, dass er immer noch nicht genug Gold hatte. Und was machte er? Er führte das Mädchen in einen zweiten Raum. Und dieser Raum war wieder bis unter die Decke mit Stroh gefüllt. Er schloss die Tür und rief ihr noch zu: "Spinn das Stroh wieder zu Gold! Ich werde dich reich belohnen." Das Mädchen saß mit seinem Spinnrad in dem Raum mit dem Stroh und weinte und weinte bitterlich. Was sollte sie nur tun? Das Männchen kam bestimmt nicht wieder zurück. Und sie konnte das Stroh nicht zu Gold spinnen. Was sollte sie nur machen?

Doch als es Mitternacht wurde, stand plötzlich wieder das kleine alte Männchen vor dem Mädchen und fragte wieder: "Warum weinst du, mein schönes Mädchen?" Und das Mädchen antwortete ihm wieder: "Was soll ich nur tun? Ich soll wieder dieses Stroh zu Gold spinnen. Aber ich kann es doch nicht." Das Männchen fragte: "Was gibst du mir, wenn ich dir helfe und das Stroh zu Gold spinne?" Das Mädchen überlegte und überlegte und sprach: "Ich weiß es nicht. Ich habe doch nichts." Doch da fiel dem Mädchen ein, dass es noch einen Ring am Finger trug und schlug dem Männchen vor: "Ich gebe dir meinen Ring, wenn du das Stroh zu Gold spinnst!" "Einverstanden!" sprach das Männchen. "Gib mir deinen Ring!" Das Mädchen gab dem Männchen den Ring und das Männchen spann die ganze Nacht wieder das Stroh zu Gold. Und im Morgengrauen verschwand es wieder genauso schnell, wie es gekommen war.

Und als der König am Morgen wieder die Tür öffnen ließ, saß das Mädchen wieder mitten in dem Gold. Und die Freude des Königs war übergroß und er freute sich und freute sich. Doch er glaubte, dass er immer noch nicht genug Gold habe. Und so führte er das Mädchen in ein noch größeres Zimmer, das wieder bis unter die Decke mit Stroh gefüllt war und sprach: "Du bist ein wunderschönes und fleißiges Mädchen und kannst auch noch Stroh zu Gold spinnen. Wenn du in dieser Nacht wieder das Stroh zu Gold spinnst, dann will ich dich heiraten und du sollst meine Frau sein." Und der König schloss die Tür und ging. Aber das Mädchen saß mit seinem Spinnrad wieder mitten in dem Stroh und weinte sich die Augen aus dem Kopf, denn es konnte natürlich immer noch kein Stroh zu Gold spinnen.

Doch wieder um Mitternacht stand plötzlich das kleine alte Männchen vor ihr und sprach: "Warum weinst du, schönes Mädchen?" Und das Mädchen antwortete: "Ich soll das Stroh zu Gold spinnen. Und du weißt, ich kann es nicht. Bitte, hilf mir noch ein letztes Mal! Wenn du mir diesmal hilfst, dann will der König mich zu seiner Frau machen und alle Not hat ein Ende. Das Männchen sprach: "Gut. Einverstanden. Ich will dir helfen. Aber was gibst du mir, wenn ich dir helfe und das Stroh zu Gold spinne?" Das Mädchen überlegte und überlegte und überlegte und sprach schließlich: "Ich weiß es nicht, was ich dir geben kann. Ich habe nichts mehr. Ich hatte ein goldenes Kettchen von meiner Mutter und einen goldenen Ring von meiner Mutter. Beides hat sie mir kurz vor ihrem Tode gegeben. Mehr hab' ich nicht." Da sprach das Männchen: "Wenn ich dir dieses Stroh zu Gold spinne, wird dich der König heiraten und du wirst die Königin. Ich aber bin immer allein. Versprich mir dein erstes Kind!"

Das Mädchen wusste sich in seiner Not keinen anderen Rat, sodass es dem Männchen versprach: "Ja, du sollst mein erstes Kind haben." Und das Männchen setzte sich wieder an das Spinnrad und spann das Stroh zu Gold. Im Morgengrauen verschwand das Männchen wieder. Und als der König die Tür öffnen ließ und wieder das viele Gold sah, war er überglücklich, umarmte das Mädchen und küsste und herzte es und versprach ihm: "Jetzt sollst du meine Frau werden." So wurde die Hochzeit gefeiert und alle waren glücklich und zufrieden.

Nach einer Zeit gebar die Königin einen wunderschönen Knaben. Und sie dachte längst nicht mehr an das kleine alte Männchen, das ihr damals geholfen hatte, das Stroh zu Gold zu spinnen. Doch eines Tages, als die Königin mit ihrem Sohn im Garten saß, stand plötzlich das kleine alte Männchen vor ihr und sprach: "Nun Frau Königin?! Ich hole mir mein Versprechen. Bitte gib mir deinen Sohn! Du hast mir versprochen, dass ich dein erstes Kind bekomme." Die Königin drückte ihren Sohn fest an sich und weinte: "Nein, bitte nicht! Ich geb' dir alles, was du haben willst. Wir haben Geld, wir haben Gold, wir haben Edelsteine. Du kannst alles haben, was du möchtest. Aber bitte lass mir meinen Sohn!" "Nein!" sprach das Männchen. "Versprochen ist versprochen. Und du hast mir dein erstes Kind versprochen. Ich will es haben." Die Königin bettelte und bat das Männchen. Und das Männchen sagte schließlich: "Gut, ich gebe dir noch eine Chance. Wenn du meinen Namen herausfinden kannst, dann will ich dein Kind nicht haben." Und damit verschwand das Männchen. Die Königin rief in ihrer Angst alle Diener zusammen. Und alle Diener mussten alle Namen aufschreiben, die sie kannten. Und sie hatte eine lange, lange Liste.

Am nächsten Abend saß die Königin in ihrem Zimmer und plötzlich erschien das Männchen. "Nun?!" sprach es. "Wie heiß' ich?" Die Königin fragte: "Heißt du Kunz?" Das Männchen antwortete: "Nein, so heiß' ich nicht." "Oder heißt du vielleicht Hinz?" "Nein, so heiß' ich nicht. So heiß' ich nicht", tanzte das Männchen durch das Zimmer. Die Königin fragte noch nach vielen, vielen Namen, aber immer wieder antwortete ihr das Männchen: "So heiß' ich nicht. So heiß' ich nicht", und tanzte durch das Zimmer. Die Königin bat das Männchen noch einmal zu kommen, in der nächsten Nacht. Sie will noch einmal überlegen und alle Namen zusammensuchen. Das Männchen willigte ein und sprach: "Meinen Namen findest du sowieso nicht heraus", und verschwand.

Daraufhin rief die Königin wieder alle Diener zusammen und schickte sie in das weite, weite Land hinaus. Sie sollten in jede Stadt und in jedes Dorf gehen und alle Namen aufschreiben, auch die seltensten Namen, die sie noch nie gehört hatten. Und die Diener zogen aus, um die Namen zu sammeln.

In der nächsten Nacht erschien das Männchen wieder und fragte: "Nun?! Weißt du, wie ich heiße?" Und die Königin hatte die ausgefallensten Namen zusammengesucht und fragte: "Heißt du vielleicht Hammelwade?" "Nein, so heiß' ich nicht. So heiß' ich nicht", tanzte das Männchen durch das Zimmer. "Oder heißt du vielleicht Eisenbeiß" "Nein, so heiß' ich nicht. So heiß' ich nicht." Und viele Stunden fragte die Königin nach den unterschiedlichsten und ausgefallensten Namen. Aber immer wieder lachte das Männchen laut auf und rief: "So heiß' ich nicht. So heiß' ich nicht", und tanzte durch das Zimmer. Die Königin bat das Männchen noch um eine letzte Chance: "Bitte noch eine einzige Nacht! Gib mir noch eine Nacht! Und wenn ich dann den Namen nicht gefunden habe, dann sollst du wohl mein Kind haben." Und so verschwand das Männchen wieder, denn es war einverstanden. Ein Diener war aber noch nicht zurückgekehrt. Er lief und lief und lief und kam in einen tiefen dunklen Wald. Es war schon Nacht geworden und plötzlich sah er in der Ferne ein Feuer leuchten. Er lief zu dem Feuer und sah aus seinem Versteck, wie ein kleines altes Männchen um das Feuer tanzte und dazu sang:

"Heute back' ich. Morgen brau' ich.
Übermorgen hol' ich mir der Königin ihr Kind.
Ach wie gut, dass niemand weiß,
dass ich Rumpelstilzchen heiß'."

Damit hatte der Diener genug gehört. Und er lief, so schnell ihn seine Beine tragen konnten, zurück zur Königin, um ihr diese Nachricht zu überbringen. Die Königin freute sich von Herzen und belohnte den Diener reichlich. In der Nacht erschien das Männchen zum dritten Mal. Und die Königin fragte wieder: "Heißt du vielleicht Otto?" "So heiß' ich nicht. So heiß' ich nicht", lachte das Männchen. "Oder heißt du vielleicht August?" "So heiß' ich nicht. So heiß' ich nicht", lachte das Männchen und tanzte durch das Zimmer. "Oder heißt du vielleicht Rumpelstilzchen?" Das Männchen wurde böse und stampfte mit dem Fuß auf die Erde und stampfte so lange, bis die Erde das Männchen verschlungen hatte. Die Königin war überglücklich, lief zu ihrem Söhnchen, nahm es in den Arm und herzte und küsste es und lebte noch lange und zufrieden mit ihrem König und mit ihrem Söhnchen zusammen.

Und wenn sie nicht gestorben sind, dann leben sie noch heute glücklich und zufrieden.

Frau Holle

Es war einmal eine Frau, die hatte zwei Töchter. Die eine Tochter war schön und fleißig und die andere Tochter war faul und hässlich. Weil aber die faule und hässliche Tochter ihre rechte Tochter war, liebte sie sie mehr. Und das schöne und fleißige Mädchen musste alle Arbeit im Hause tun. Das schöne Mädchen musste jeden Tag auf die Straße gehen und musste sich an einen Brunnen setzen und spinnen. Das Mädchen musste so viel spinnen, bis die Hände bluteten.

Eines Tages im November saß das Mädchen wieder am Brunnen und spann. Sie spann so viel, dass ihre Hände von der Kälte schon ganz steif waren. Und sie stach sich in den Finger und das Blut tropfte auf die Spule. Das Mädchen stand auf und wollte die Spule am Brunnen abwaschen. Doch da sprang ihr die Spule aus den Händen und fiel in den Brunnen. Das Mädchen erschrak sehr und lief zurück zu seiner Mutter und sprach: "Bitte, sei nicht böse. Mir ist die Spule in den Brunnen gefallen." Die Mutter wurde böse und sprach: "Du dummes Ding! Sieh zu, wie du die Spule wieder herzubekommst. Spring hinab, von mir aus."

www.cholmonco.com/ewe062542.mp3

Das Mädchen wusste sich keinen Rat, lief zurück zum Brunnen und sprang in das kalte, tiefe Wasser. Als das Mädchen jedoch wieder die Augen aufschlug, war es nicht im kalten, tiefen Wasser, sondern saß auf einer Wiese mit vielen schönen Blumen. Da stand das Mädchen auf und lief über die Wiese. Plötzlich sah es einen Backofen. In dem Backofen waren Brote und sie hörte, wie die Brote riefen: "Zieh uns raus! Zieh uns raus! Sonst verbrennen wir." Das schöne Mädchen nahm die Schippe und holte alle Brote aus dem Ofen. Da dankte der Ofen dem Mädchen: "Vielen Dank, du liebes, gutes Mädchen."

Und das Mädchen lief weiter. Es kam an einen Apfelbaum, der rief: "Ach, schüttle mich, rüttle mich! Meine Äpfel sind allesamt reif." Da schüttelte das Mädchen den Baum, dass die Äpfel nur so herabregneten. Das Mädchen legte alle Äpfel auf einen großen Berg und der Apfelbaum bedankte sich: "Vielen Dank, du schönes Mädchen." Und das Mädchen lief weiter. Plötzlich sah das Mädchen in der Ferne ein Haus. Es lief auf das Haus zu und vor dem Haus sah es eine alte Frau. Weil die alte Frau so große Zähne hatte, erschrak das schöne Mädchen sehr und wollte weglaufen. Doch die alte Frau sprach freundlich: "Warum fürchtest du dich? Warum hast du Angst? Komm her zu mir." Weil die alte Frau so freundlich zu ihm sprach, fasste das Mädchen Vertrauen und ging zu der alten Frau. Die Frau sagte ihm, dass sie die Frau Holle sei. Und wenn das Mädchen bei ihr wohnen wolle, dann könne es bei ihr wohnen. Das Mädchen willigte ein. Frau Holle sprach: "Du musst jeden Tag fleißig die Betten schütteln. Dann schneit es auf der Erde." Das Mädchen sprach: "Das will ich schon tun und ich werde auch das Haus in Ordnung halten."

Frau Holle war zufrieden und freute sich an dem fleißigen und schönen Mädchen. Das schöne Mädchen schüttelte jeden Tag die Betten kräftig, dass es auf der Erde nur so schneite. Und die Kinder freuten sich auf der Erde, denn sie konnten Schneemänner bauen und Schneeballschlachten machen und sie fuhren mit ihren Schlitten.

Das Mädchen hatte es sehr gut bei Frau Holle. Frau Holle hatte nie ein böses Wort für das Mädchen und das Mädchen war glücklich und zufrieden. Doch mit der Zeit wurde das Mädchen immer ruhiger und trauriger. "Was hast du nur?" fragte Frau Holle. "Ich weiß es nicht", antwortete das Mädchen. "Ich glaube, es ist das Heimweh." Da sprach Frau Holle: "Es ist schon gut. Geh zu deiner Mutter und zu deiner Schwester, auch wenn sie manchmal böse zu dir waren. Vielleicht sind sie schon sehr traurig, weil du nicht mehr da bist." Das Mädchen sprach: "Ja, so wird es wohl sein."

Frau Holle führte das Mädchen an ein großes Tor und sprach: "Das ist das große Tor zur Welt. Geh hindurch und du bist wieder in deinem Dorf." Das Mädchen verabschiedete sich herzlich von Frau Holle und Frau Holle öffnete das große Tor. Doch als das Mädchen unter dem Tor stand, regnete von oben Gold auf das Mädchen herab. Und das Gold blieb an Haaren und an den Kleidern haften. So kam das Mädchen in das Dorf zurück. Der Hahn des Dorfes sah das Mädchen schon von weitem und rief: "Kikeriki! Kikeriki! Unsere Goldmarie ist wieder hie." Das Mädchen lief schnell in das Haus ihrer Mutter und begrüßte herzlich die Mutter und die Schwester. Die Mutter und die Schwester aber waren neidisch. Warum hatte das schöne und fleißige Mädchen so ein Glück?

Die Mutter sprach zu dem faulen und hässlichen Mädchen: "Lass mich nur machen. Ich überlege mir etwas." Gesagt, getan. Die Mutter schickte die faule und hässliche Tochter mit dem Spinnrad an den Brunnen. Dort sollte das faule und hässliche Mädchen spinnen, bis die Hände bluteten. Doch das faule und hässliche Mädchen hatte keine Lust, so lange zu spinnen. So nahm sie die Spindel und warf sie einfach in den Brunnen, stieg auf den Brunnenrand und sprang in das kalte, tiefe Wasser.

Als das Mädchen die Augen aufschlug, saß es auch auf der Wiese mit den vielen bunten Blumen. Und als es über die Wiese lief, kam es auch zu dem Backofen. Und die Brote riefen wieder: "Zieh uns raus! Zieh uns raus! Sonst verbrennen wir." Das faule Mädchen aber antwortete: "Das müsste mir wohl einfallen. Ich könnte mir die Hände verbrennen. Ich habe auch keine Zeit", und lief schnell weiter.

Als das Mädchen eine Zeit gegangen war, kam es zu dem Apfelbaum, der rief: "Ach, rüttle mich, schüttle mich! Meine Äpfel sind allesamt reif." Das Mädchen antwortete: "Was soll ich dich rütteln und schütteln? Mir könnte ein Apfel auf den Kopf fallen und ich muss auch zur Frau Holle, denn die hat viel Gold für mich."

Und so lief das faule und hässliche Mädchen schnell weiter, bis es zu dem Haus von Frau Holle kam. Frau Holle begrüßte auch das faule und hässliche Mädchen freundlich und sprach: "Komm herein! Möchtest du bei mir arbeiten? Du sollst auch einen guten Lohn bekommen." Das faule und hässliche Mädchen antwortete böse: "Natürlich! Deshalb bin ich doch hierher gekommen. Schnell, wo sind die Betten? Ich will sie schütteln." Frau Holle war etwas verwundert über das Mädchen, aber sie ließ das Mädchen in ihr Haus und zeigte ihm die Betten, die das Mädchen zu schütteln hatte. Das faule und hässliche Mädchen hatte aber keine Lust. Das Haus machte das Mädchen nicht sauber, die Betten schüttelte es schlecht. Und die Kinder auf der Erde waren sehr traurig, denn sie hatten keinen Schnee. Sie konnten nicht Schlittenfahren. Sie konnten auch keine Schneemänner bauen. Die Kinder saßen zu Hause hinter dem Ofen und warteten auf den Schnee.

Als das faule und hässliche Mädchen vier Tage bei Frau Holle war, sprach es: "So, und nun möchte ich meinen Lohn. Ich möchte nach Hause. Ich habe hier genug gearbeitet." Frau Holle sprach: "Du sollst deinen Lohn bekommen", und führte auch das faule und hässliche Mädchen zu dem großen Tor und sprach: "Das ist das Tor zur Welt. Geh hindurch und du bist wieder in deinem Dorf." "Ja, ist schon gut. Ich weiß Bescheid", antwortete das Mädchen. Frau Holle öffnete das Tor und das Mädchen lief durch das Tor. Doch als das faule und hässliche Mädchen unter dem Tor stand, regnete es plötzlich von oben schwarzes Pech herab und blieb an den Haaren und an den Kleidern haften und wollte nicht mehr abgehen. Das faule und hässliche Mädchen wurde böse und wollte zurücklaufen zu Frau Holle. Doch das große Tor war bereits geschlossen und das Mädchen stand mitten im Dorf. Und der Hahn schrie vom Brunnen: "Kikeriki! Kikeriki! Unsere Pechmarie ist hie." Die Pechmarie aber lief in das Haus ihrer Mutter und war böse und weinte zornig. Das Pech jedoch wollte ein Leben lang von dem faulen und hässlichen Mädchen nicht mehr abgehen. Da hatte das Mädchen den Lohn für seine schlechte Arbeit.

Der Froschkönig

Hinter sieben tiefen, tiefen Wäldern und sieben großen Meeren und sieben hohen Gebirgen liegt das Märchenreich. Dort lebte einst ein König mit seiner jüngsten Tochter. Das Mädchen war so wunderschön, dass selbst die Sonne, die doch schon so viel gesehen hat, kein schöneres Mädchen je gesehen hatte. Die Prinzessin lief am liebsten über die Wiesen und spielte dabei mit einer goldenen Kugel. Sie warf ihr liebstes Spielzeug hoch in die Luft und fing es wieder auf.

Eines Tages, es war im heißen Sommer, lief das Mädchen wieder einmal über die Wiesen, sprang hierhin und dorthin, warf ihre goldene Kugel hoch in die Luft und fing sie wieder auf. Nach einer Zeit war der Königstochter so heiß von diesem Spiel geworden, dass sie zum Brunnen lief. Sie setzte sich auf den Brunnenrand. Das kühle Wasser und der Schatten der großen Linde, die neben dem Brunnen stand, verschafften dem Mädchen Abkühlung. Während die Prinzessin auf dem Brunnenrand saß, warf sie die Kugel immer wieder hoch in die Luft und fing sie anschließend auf. Und wieder warf sie die Kugel hoch in die Luft, doch als die Königstochter die Kugel fangen

www.cholmonco.com/ewe073762.mp3

wollte, glitt sie ihr aus den Händen und fiel in den tiefen Brunnen. Die Prinzessin weinte bitterlich über ihr verlorenes Spielzeug. Wie sie da so saß und bitterlich weinte, sprang plötzlich ein kleiner grüner Frosch aus dem Brunnen. Er setzte sich direkt neben sie auf den Brunnenrand und sprach: "Warum weinst du so, schöne Königstochter?" "Ach", seufzte die schöne Königstochter, "mein liebstes Spielzeug, meine goldene Kugel ist in den Brunnen gefallen." Dabei schluchzte sie zum Steinerweichen. Aber der Frosch tröstete sie: "Du musst nicht weinen. Ich kann dir deine goldene Kugel wieder heraufholen. Aber was gibst du mir, wenn ich dir dein liebstes Spielzeug wiederhole?" Die Prinzessin rief freudig: "Ich gebe dir alles, was du haben willst. Wenn du möchtest, kannst du meine Kleider haben oder meine Perlen oder meinen Schmuck. Ich würde dir sogar meine goldene Krone dafür geben, dass du mir meine Kugel aus dem Brunnen holst. Ich gebe dir alles, was du nur haben willst." Der Frosch antwortete:" Was soll ich mit deinen schönen Kleidern, deinem Schmuck oder deiner goldenen Krone anfangen? Ich bin immer allein da unten in dem kalten Brunnen. Ich möchte so gern dein Spielkamerad sein. Versprich mir, dass du mich ins Königsschloss mitnimmst. Ich möchte beim Essen neben dir sitzen, mit dir von deinem goldenen Tellerchen essen und mit dir aus deinem goldenen Becherchen trinken. Nachts möchte ich gern neben dir in deinem warmen Bettchen liegen." "Alles, was du möchtest, sollst du haben, wenn du mir mein liebstes Spielzeug aus dem Brunnen holst", rief die Königstochter. Der Frosch sprang in den Brunnen hinab. Die Prinzessin aber dachte bei sich: "Ein garstiger kalter Frosch kann doch kein Spielkamerad für einen Menschen sein. Ich werde dann schnell davonlaufen und der hässliche Frosch soll sich weiter in seinem kalten Brunnen allein vergnügen. Ich werde nie mit einem Frosch von einem Tellerchen essen oder aus einem Becherchen trinken." Und die Königstochter schüttelte sich bei dem Gedanken daran, dass sie mit dem kalten und nassen Frosch in ihrem Bettchen schlafen sollte. Nach einer kurzen Zeit sprang der Frosch wieder aus dem Brunnen und rollte die goldene Kugel ins Gras. Schnell sprang die Königstochter auf und lief mit ihrer goldenen Kugel davon. Der kleine Frosch patschte mit seinen kurzen Beinchen hinterdrein und rief: "Königstochter, warte doch auf mich! Ich kann nicht so schnell laufen. Ich möchte doch mit dir gehen. Hast du schon vergessen, was du mir versprochen hast? Königstochter, warte doch auf mich!"

Doch die Prinzessin wollte den kleinen Wasserpatscher gar nicht hören und lief schnell zum Königsschloss zurück. Bis zum Abend hatte sie den kleinen Frosch, der ihr geholfen hatte, ihr liebstes Spielzeug wieder zurückzubekommen, schon vergessen.

Am nächsten Abend saßen der König und die Prinzessin zum Abendessen am Tisch. Da hörten sie, dass etwas die Marmorstufen zum Schloss hinaufpatschte. Kurz darauf klopfte es an die Tür und eine Stimme rief: "Königstochter jüngste, mach mir auf!" Die Prinzessin sprang auf, um die Tür zu öffnen. Doch im selben Moment, wie sie die Tür öffnete, schlug sie sie auch schon wieder zu, denn vor der Tür saß der kleine Frosch, der am Vortag ihre Kugel aus dem tiefen Brunnen geholt hatte. Ganz weiß vor Schreck kam die Königstochter zurück zum Tisch. Der König sah natürlich sofort, dass seine Tochter vor Angst am ganzen Leibe zitterte und fragte: "Was hast du, mein Kind? Wovor hast du Angst? Steht vielleicht ein schrecklicher Riese vor der Tür?" Die Königstochter sprach ganz verstört: "Nein, Vater. Vor der Tür steht ein Frosch. Weißt du, gestern war es so heiß, dass ich zu dem kühlen Brunnen neben der Linde gelaufen bin. Dort habe ich wie immer mit meiner goldenen Kugel gespielt. Doch plötzlich ist mein liebstes Spielzeug in den Brunnen gefallen. Als ich so dasaß und weinte, ist dieser Frosch gekommen. In meiner Not habe ich ihm versprochen, dass ich mit ihm mein Essen und mein Bettchen teilen will, wenn er mir nur meine Kugel wieder aus dem Brunnen holt. Ich habe doch nicht gedacht, dass mir der Frosch bis hierher folgt. Ich kann doch nicht mit einem kalten Frosch spielen, essen und mein Bettchen teilen." Doch der König sprach zu seiner Tochter: "Mein Kind, was du versprochen hast, das musst du halten. Versprochen ist versprochen. Geh und öffne dem Frosch die Tür, dass er mit uns zu Abend essen kann." Die Prinzessin zögerte. Doch da klopfte es zum zweiten Mal an die Tür und sie hörten die Stimme des Frosches, der rief: "Königstochter jüngste, mach mir auf! Hast du vergessen, was du mir gestern am Brunnen versprochen hast? Königstochter jüngste, mach mir auf!" Der König befahl seiner Tochter, sofort die Tür zu öffnen. Widerwillig ließ die Prinzessin den kleinen Frosch ein, der auch gleich zum Tisch sprang, um neben der Königstochter Platz zu nehmen. Der Frosch aß mit ihr von einem Teller und trank mit ihr aus einem Becherchen, wie es versprochen war. Die Königstochter brachte vor Ekel fast keinen Bissen hinunter. Als sie gegessen hatten, sprach der König: "Es ist spät. Wir wollen zu Bett gehen." Die Prinzessin sprang auf und wollte hinauslaufen. Doch der König rief seine Tochter zurück und sie musste den Frosch mit in ihr Zimmer nehmen. Widerwillig fasste das Mädchen den Frosch mit zwei Fingern im Genick und trug ihn in ihr Zimmer. Dort ließ sie ihn auch gleich auf den Boden fallen und sprang auf ihr Bett. Doch da rief der Frosch: "Königstochter jüngste, heb mich in dein Bettchen! Du liegst in deinem warmen Bettchen und ich sitze hier unten auf dem kalten Boden. Heb mich in dein Bettchen, wie du es versprochen hast. Wenn du es nicht tust, sag ich es deinem Vater." Die Prinzessin hob den Frosch widerwillig in ihr Bettchen. Als der grüne kalte Frosch in ihrem Bettchen saß, erfasste die Königstochter so ein Schaudern, dass sie den Frosch packte und an die Wand warf. Doch als der Frosch herabfiel, war er kein Frosch mehr, sondern ein schöner Königssohn. Da staunte die Prinzessin nicht schlecht. Der Königssohn sprach zu ihr:" Eine böse Hexe hatte mich verzaubert und nur du allein konntest mich erlösen. Erst wenn ich mit dir von deinem goldenen Tellerchen gegessen, mit dir aus deinem goldenen Becherchen getrunken und mit dir zusammen in deinem Bettchen gelegen hätte, sollte ich wieder meine menschliche Gestalt erhalten. Auch wenn du es mit Widerwillen getan hast, so hast du doch mit mir aus einem Becherchen getrunken, von einem Tellerchen gegessen und mit mir in einem Bett gelegen. So wurde der Zauber gebrochen und ich habe meine menschliche Gestalt zurückbekommen. Komm mit mir auf mein Schloss und werde meine Frau!" Freudig willigte die Königstochter ein.

Am nächsten Morgen wurden die Pferde angespannt und die schöne Prinzessin und der Prinz fuhren zusammen zum Schloss des Königssohnes. Dort wurde eine prächtige Hochzeit gefeiert. Man feierte sieben Tage und sieben Nächte. Es war die prächtigste Hochzeit, die man je gefeiert hatte.

Der Prinz und seine schöne Frau aber lebten glücklich und zufrieden zusammen. Und wenn sie nicht gestorben sind, dann leben sie noch heute.

Das Waldhaus

Es waren einmal ein armer Holzfäller und seine Frau, die lebten zusammen mit ihren beiden Töchtern im Wald. Jeden Tag ging der Holzfäller hinaus in den Wald, um das Holz zu schlagen. Eines Tages sprach er zu seiner Frau: "Liebe Frau, ich habe heute so viel Arbeit. Wir haben Herbst, und die Tage werden immer kürzer. Bitte schicke mir eine Tochter in den Wald mit dem Mittagessen. Ich kann heute Mittag

www.cholmonco.com/ewe085500.mp3

nicht zurückkommen zum Essen, denn ich muss arbeiten." Die Frau sagte: "Ja, das will ich schon tun. Ich schicke dir unsere älteste Tochter hinaus."

Der Waldarbeiter ging in den Wald hinaus zu seiner Arbeit. Um die Mittagszeit sprach die Frau zu ihrer ältesten Tochter: "Komm her. Hier ist das Mittagessen für den Vater. Bring es ihm hinaus in den Wald, denn er hat heute keine Zeit. Er muss viel arbeiten." Die älteste Tochter nahm das Mittagessen für den Vater und ging los und hatte ihre Freude an den bunten Blättern, die zur Erde tanzten. Das Mädchen lief durch den Wald und lief und lief und lief. Doch das Mädchen konnte den Vater nicht finden. Und so lief das Mädchen durch den tiefen, tiefen Wald, bis es dunkle Nacht wurde. Das Mädchen hatte große Angst. Doch plötzlich sah das Mädchen in der Ferne ein Licht. Da war es überglücklich, denn es glaubte, das ist das Vaterhaus und lief schnell zu dem Haus. Doch als das Mädchen an dem Haus ankam, sah es, dass es nicht das Vaterhaus war. Das Mädchen klopfte an die Tür. Und als eine Stimme "herein" rief, trat das Mädchen in das Häuschen. In dem Haus saß ein alter, alter Mann an einem Tisch. Der Mann hatte einen langen, langen weißen Bart. Neben dem Mann lagen eine Kuh, ein Hühnchen und ein Hähnchen auf dem Stroh. Im Kamin flackerte ein lustiges Feuer. Das Mädchen sprach: "Ich habe den Vater im Wald gesucht, aber ich habe ihn nicht gefunden. Könnt ihr mir hier eine Übernachtung geben?" Der alte Mann sprach: "Das wollen wir tun. Oder?!" Und er sah zu seinen Tieren. Die Tiere antworteten: "Ducks." Und das sollte wohl soviel bedeuten wie: "Ja, es ist schon gut." Der alte Mann sprach: "Du kannst etwas zu essen machen." Das Mädchen ging in die Küche und kochte etwas Gutes zu essen. Als das Mädchen die Suppe fertig gekocht hatte, nahm es eine große Schüssel, setzte sich an den Tisch und aß. Das Mädchen kümmerte sich nicht um den alten Mann, sondern aß mit großem Appetit die Suppe ganz allein. Auch an die Tiere dachte das Mädchen nicht. Als das Mädchen gegessen hatte, fragte es den alten Mann: "Hast du auch ein Bett, wo ich schlafen kann?" Da sprach der alte Mann zu seinen Tieren: "Schön Hühnchen, schön Hähnchen und du schöne bunte Kuh, was sagst du dazu?" Die Tiere antworteten: "Ducks. Du hast nicht mit uns gegessen, du hast nicht mit uns getrunken, du hast an uns überhaupt nicht gedacht. Nun sieh auch zu, wo du bleibst die ganze Nacht!"

Der alte Mann sprach zu dem Mädchen: "Geh die Treppe hinauf. Dort oben findest du ein Zimmer und in dem Zimmer steht ein weiches Bett. Dort kannst du diese Nacht schlafen." Das Mädchen lief die Treppe hinauf, sah auch in dem Zimmer das Bettchen, legte sich hinein und schlief auch sofort tief und fest, denn das Mädchen war furchtbar müde von dem langen Laufen.

Um Mitternacht aber ging in dem Haus ein riesengroßer Lärm los. Und am nächsten Morgen war das Mädchen verschwunden.

Der Holzfäller und seine Frau und die Schwester warteten vergeblich auf das Mädchen. Es kam nicht nach Hause. Und so vergingen einige Tage und der Holzfäller arbeitete wieder im Wald. Und eines Tages trug es sich wieder zu, dass der Holzfäller viel Arbeit hatte, und er sprach zu seiner Frau: "Liebe Frau, ich habe so viel Arbeit. Ich kann heut' nicht zum Mittagessen nach Hause kommen. Du musst mir die jüngste Tochter in den Wald schicken, dass sie mir Essen bringt. Ich muss arbeiten, denn die Not ist groß und der Winter kommt auch bald." Die Frau sprach: "Ich will dir die jüngste Tochter zur Mittagszeit in den Wald schicken." Und so ging der Holzfäller in den Wald zu seiner Arbeit. Um die Mittagszeit sprach die Frau zu ihrer Tochter: "Komm her, mein Kind. Hier ist das Mittagessen für den Vater. Bitte bring ihm das Essen in den Wald, aber achte auf den Weg, dass du dich nicht verläufst! Ich habe große Angst um dich." "Nein, nein Mutter! Ich will's schon gut machen", sprach das Mädchen und lief hinaus. Das Mädchen lief mit dem Mittagessen singend durch den Herbstwald und lief und lief und lief. Und auch sie fand den Vater nicht.

Das Mädchen lief und lief, bis es dunkle Nacht war. Und auch die jüngste Tochter sah in der Ferne ein Licht blinken und lief auf das Licht zu und kam auch zu dem Häuschen. Das Mädchen klopfte an die Tür und als es ein fröhliches "Herein" hörte, öffnete es die Tür und trat ein. In dem Häuschen sah das Mädchen auch wieder den alten Mann mit dem langen weißen Bart und neben ihm lagen wieder die schöne bunte Kuh, das Hühnchen und das Hähnchen. "Ich habe mich verlaufen", sprach das Mädchen. "Darf ich bei euch übernachten? Ich habe den Vater nicht finden können." Der alte Mann sah zu seinen Tieren und die Tiere sprachen wieder alle: "Ducks." Und das sollte wohl bedeuten: "Ja, es ist schon gut."

Das Mädchen wusch sich die Hände, brachte den Tieren frisches Stroh, holte auch frisches Wasser und Futter für die Tiere und fragte dann den alten Mann: "Willst du etwas essen? Soll ich dir etwas zu essen kochen?" Der alte Mann sprach: "Ja, das wäre sehr nett. Dort hinten ist die Küche." Das Mädchen lief in die Küche, kochte etwas

Gutes zu essen, stellte dem alten Mann eine Schüssel auf den Tisch und dann nahm sich auch das Mädchen etwas zu essen. Als sie gegessen hatten, trug das Mädchen das Geschirr wieder in die Küche zurück und brachte alles in Ordnung. Dann sprach das Mädchen: "Ich bin den ganzen Tag gelaufen. Ich bin so müde. Ich möchte gern schlafen. Kann ich mich zu den Tieren ins Stroh legen?" Der alte Mann fragte wieder seine Tiere: "Schön Hühnchen, schön Hähnchen und du schöne bunte Kuh, was sagst du denn dazu?" Da sprachen die Tiere: "Du hast mit uns gegessen, du hast mit uns getrunken, du hast uns alle wohl bedacht. Wir wünschen dir eine gute Nacht."

Da sprach der alte Mann: "Geh hinauf. Oben ist ein Zimmer und in dem Zimmer steht ein weiches Bett für dich bereit. Dort kannst du schlafen." Das Mädchen lief die Treppe hinauf, fand das Zimmer und auch das Bett, legte sich in das Bettchen und schlief auch sofort ein und schlief tief und fest.

Um Mitternacht ging wieder ein fürchterlicher Lärm in dem Haus los. Im ganzen Haus quietschte und polterte es. Es war ein Riesenlärm. Doch das Mädchen war so müde, dass es nicht aufwachte.

Am Morgen, als das Mädchen die Augen aufschlug, traute es seinen Augen kaum. Das Mädchen lag nicht mehr in einem kleinen Häuschen, sondern in einem wunderschönen großen Schloss. Da öffnete sich die Tür und herein trat ein Diener und hinter dem Diener kam ein junger Königssohn herein. Das Mädchen blickte die zwei erstaunt an und fragte: "Wo bin ich hier? Wo sind schön Hühnchen, schön Hähnchen, die schöne bunte Kuh und der alte Mann?" Da sprach der Königssohn: "Eine böse, böse Hexe hat uns vor vielen Jahren verzaubert. Ich musste ein alter Mann sein und hier in diesem kleinen Waldhäuschen mit meinen Tieren leben. Die schöne bunte Kuh, das war mein Diener. Und Hühnchen und Hähnchen, das waren auch ein Diener und eine Zofe. Die böse Hexe hatte uns verzaubert und nur ein schönes Mädchen konnte uns erlösen. Die Hexe hatte gesagt: 'Nur wenn ein Mädchen kommt, das für euch alle sorgt und an euch alle denkt, dann wird der Zauber gebrochen.' Und du hast gestern für uns alle gesorgt. So ist der Zauber gebrochen und du sollst meine Frau werden." Das Mädchen freute sich von Herzen. Dann fragte es aber: "Sag bitte, ist auch meine Schwester hier gewesen?" Da erzählte der König, dass auch die Schwester von dem Mädchen dagewesen sei und dass sie aber an keinen gedacht habe. Das Mädchen bat den König, die Schwester zu holen. Und auch die

Mutter und der Vater sollten auf das Schloss kommen. Der König war einverstanden und so kamen die Mutter, der Vater und die Schwester auf das Schloss. Und bald wurde eine prächtige Hochzeit gefeiert. Sie feierten sieben Tage und sieben Nächte. Es war ein wunderschönes Fest. Und alle lebten von da an glücklich und zufrieden bis an ihr Ende.

Schneeweißchen und Rosenrot

Es war einmal eine arme Witwe, die lebte mit ihren beiden Töchtern in einem kleinen Häuschen im Walde. In dem kleinen Garten vor dem Häuschen standen zwei Rosenbäumchen. Das eine Rosenbäumchen trug wunderschöne weiße Rosen. An dem anderen Rosenbäumchen erblühten die schönsten dunkelroten Rosen. Weil die beiden Mädchen den beiden Rosenbäumchen so glichen, wurden sie nur Schneeweißchen und Rosenrot genannt. Die beiden Mädchen waren sehr schön, aber Schneeweißchen war sanfter und stiller als Rosenrot. Rosenrot war lebhaft und temperamentvoll. Die beiden Mädchen waren immer fröhlich und freundlich zu allen Leuten. Weil sie so fröhlich und freundlich und auch arbeitsam waren, hatte jedermann die beiden gern.

Am liebsten sprangen die beiden Mädchen im Wald umher, sammelten Beeren und Pilze oder spielten mit ihren Freunden, den Tieren. Denn nicht nur die Menschen hatten die beiden Mädchen lieb, sondern auch die Tiere hatten Schneeweißchen und Rosenrot gern und taten ihnen nichts zuleide. Wenn die Mädchen in den Wald hinaus gingen, flatterten die Vögel lustig um die Köpfe der beiden, der Hirsch sprang herbei, um die Mädchen ein Stück zu begleiten. Die kleinen Häschen kamen angesprungen und fraßen ohne

www.cholmonco.com/ewe098934.mp3

Scheu die Kohlblätter, die ihnen die Mädchen entgegenhielten. Wenn Schneeweißchen und Rosenrot den Heimweg einmal zu spät antraten und die Dunkelheit sie überraschte, begleiteten die Tiere die beiden Mädchen bis vor die Haustür, dass ihnen kein Leid geschehe.

So lebten Schneeweißchen und Rosenrot mit ihrer Mutter glücklich und zufrieden in dem kleinen Waldhäuschen.

Im Winter, an den langen Winterabenden, saßen alle um den Kamin herum. Die Mutter schlug das große Märchenbuch auf und die Mädchen lauschten den Geschichten, die die Mutter daraus vorlas. Eines Abends, es war mitten im Winter, und draußen lag tiefer, tiefer Schnee, saßen die beiden Mädchen wieder am Kamin. Die Mutter hatte gerade das große Märchenbuch aufgeschlagen, als es an die Tür klopfte. "Schnell Schneeweißchen, öffne die Tür! Ein Fremder wird um Einlass bitten, denn heute ist es bitterkalt", sprach die Mutter. Aber Schneeweißchen hatte Angst und antwortete: "Rosenrot, geh und öffne du die Tür! Ich habe Angst." Da sprang Rosenrot auch schon auf und rief: "Ich will gleich die Tür öffnen und den frierenden Fremden einlassen, dass er sich an unserem Kaminfeuer wärmen kann." Doch als das Mädchen die Tür öffnete, erschrak es fürchterlich und schlug die Tür schnell wieder zu, denn vor der Tür stand kein fremder Wanderer, sondern ein riesengroßer zottiger Bär. Die beiden Mädchen hatten große Angst und versteckten sich. Die Mutter lief zur Tür und öffnete sie. Da sprach der Bär mit menschlicher Stimme: "Habt keine Angst gute Frau! Es ist so bitterkalt draußen und der tiefe Schnee lässt mich kaum vorwärtskommen. Bitte erlaubt mir, dass ich mich ein wenig an eurem Kaminfeuer aufwärme. Dann will ich auch gleich weiterziehen." "Komm herein, lieber Bär, und wärme dich an unserem Kaminfeuer! Du bist ja halb erfroren", sprach die Mutter, "aber gib acht, dass du dir am Kaminfeuer nicht deinen Pelz verbrennst!" Der Bär trat ein und die Mutter rief: "Schneeweißchen und Rosenrot, kommt hervor aus eurem Versteck! Ihr müsst keine Angst haben. Das ist ein guter Bär." Die Mädchen hatten aber immer noch große Angst und blieben sicherheitshalber in ihrem Versteck. Doch als der Bär mit freundlicher Stimme sprach: "Kommt hervor aus eurem Versteck! Ich tu' euch nichts zuleide. Klopft mir bitte ein wenig den Schnee aus dem Pelz! Ich bin ganz durchgefroren", da fassten sich die beiden Mädchen ein Herz, kamen aus ihrem Versteck und begannen vorsichtig, dem Bären den Schnee aus dem Pelz zu klopfen. Ein bisschen Angst hatten sie aber immer noch, obwohl der

Bär ganz friedlich neben dem Kaminfeuer lag. Doch als der Bär behaglich brummte, weil es ihm so guttat, dass die Mädchen ihm den Schnee aus dem Pelz klopften, fasste Schneeweißchen und auch Rosenrot schnell Vertrauen. Als es Schlafenszeit war, sprach die Mutter: "Schneeweißchen und Rosenrot, jetzt müsst ihr aber zu Bett gehen. Es ist schon spät. Du, lieber Bär, kannst hier über Nacht am Kaminfeuer liegen. Hier ist es schön warm und du kannst in Ruhe schlafen." So gingen alle zu Bett.

Am Morgen verabschiedete sich der Bär und bedankte sich für die Gastfreundschaft und er trabte hinaus in den tiefen Schnee. Die beiden Mädchen riefen ihm noch nach: "Wenn dir wieder kalt ist, findest du hier immer ein gutes Nachtlager am warmen Kaminfeuer und wir wollen dir wieder gern den Schnee aus dem Pelz klopfen."

Da dieser Winter so bitterkalt war und der Schnee so hoch lag, kam der Bär auch wirklich am Abend wieder zurück, klopfte an die Tür und bat um Einlass. Schneeweißchen und Rosenrot und die Mutter freuten sich riesig, dass der Bär wieder zurückgekommen war. Der Bär legte sich auch gleich halb erfroren an das Kaminfeuer und die beiden Mädchen klopften ihm übermütig den Schnee aus dem Pelz.

Nun kam der Bär jeden Abend zu dem Häuschen, wärmte sich am Feuer und ließ sich von den Mädchen den Schnee aus dem Pelz klopfen. So verging der Winter wie im Fluge und Schneeweißchen und Rosenrot hatten einen neuen Freund gewonnen.

Bald wurden die Tage wieder länger und der Frühling kam. Da sprach der Bär eines Tages: "Habt vielen Dank für eure Gastfreundschaft. Ohne eure Hilfe wäre ich sicherlich im Wald erfroren. Ich danke euch für alles. Doch nun muss ich wieder hinaus in den Wald, denn dort wohnt ein böser Zwerg, der meine Schätze stehlen will. Im Winter war der Boden hart gefroren, aber jetzt scheint wieder die wärmende Sonne und der garstige Zwerg wird ans Tageslicht kommen, um meine Schätze zu stehlen." Schneeweißchen und Rosenrot und die Mutter waren sehr traurig, denn sie hatten den Bär sehr lieb gewonnen. Als der Bär beim Hinausgehen an einem Nagel an der Tür hängenblieb und sich dabei ein Stück Pelz herausriß, glaubte Schneeweißchen, unter dem Pelz einen Goldschimmer zu sehen.

So ging der Bär seiner Wege. Die Mädchen sprangen wieder im Wald umher und freuten sich, dass der Frühling gekommen und der lange kalte Winter endlich wieder vorbei war.

Eines Tages sollten Schneeweißchen und Rosenrot im Wald Holz für das Kaminfeuer sammeln, denn die Nächte waren noch kühl. Als die Mädchen ein Stück gegangen waren, sahen sie von weitem einen Baumstamm auf dem Waldboden liegen. An dem Baum sprang irgendetwas auf und nieder und schrie dazu fürchterlich. Die Mädchen liefen zu dem Baumstamm und sahen, dass dort ein kleiner garstiger Zwerg laut schimpfend umhersprang. Als er Schneeweißchen und Rosenrot sah, schrie er die beiden an: "Ihr dummen Mädchen! Los, helft mir! Ihr steht nur da und haltet Maulaffen feil. Ihr seht doch, dass ich mir meinen schönen weißen Bart eingeklemmt habe. Ich wollte mir etwas Holz spalten, doch der Keil ist herausgesprungen. Und bevor ich wegspringen konnte, war mein schöner weißer Bart in dem Baumstamm eingeklemmt. Seht endlich zu, dass ihr mir helft, damit mein schöner weißer Bart wieder freikommt." Die beiden Mädchen versuchten mit aller Kraft, den Bart aus dem Baumstamm herauszuziehen. Aber so viel Mühe sie sich auch gaben, es gelang ihnen nicht, den Kleinen zu befreien, der dabei noch wild umhersprang. So wussten die beiden Mädchen keine andere Lösung, als ein kleines Stück Bart abzuschneiden. Da schimpfte der kleine Zwerg böse auf seine Befreier ein: "Was seid ihr doch für dumme und garstige Gören! Mein schöner Bart! Was seid ihr Menschen doch für dummes Volk!"

Während das garstige Männchen so schimpfte, lief es zu dem einen Ende des Baumstammes und holte dort einen großen Sack hervor, der bis zum Rande mit Gold gefüllt war. Schimpfend lief der kleine Zwerg mit dem großen Sack Gold auf dem Rücken eilig davon. Schneeweißchen und Rosenrot schüttelten nur den Kopf und lachten über den Undank des kleinen garstigen Zwerges. Die Mädchen sammelten Holz, gingen wieder nach Hause und hatten den kleinen Bösewicht auch schon wieder vergessen.

Nach einiger Zeit wollten Schneeweißchen und Rosenrot ein paar Fische angeln. Als sie an den Bach kamen, sahen sie, dass dort ein Männchen wild umhersprang. Als die Mädchen näherkamen, erkannten sie ihren alten Bekannten, den kleinen undankbaren Zwerg. Er wollte wahrscheinlich einen Fisch fangen, doch die Angelschnur hatte sich in seinem langen Bart verfangen. Rosenrot fragte: "Willst du vielleicht ein Bad im Bach nehmen?" Da schimpfte der Zwerg böse auf die Mädchen ein: "Seht ihr nicht, dass ich gefangen bin? Ich hänge mit meinem schönen weißen Bart hier an der Angelschnur und der garstige Fisch am anderen Ende der Schnur will mich ins Wasser ziehen. Steht nicht so dumm herum, sondern befreit mich endlich!" Die Mädchen versuchten vergeblich, den kleinen Zwerg zu befreien, der laut schimpfend umhersprang. Die Angelschnur und der Bart waren so sehr ineinander verfitzt, dass sich die Mädchen keinen anderen Rat wussten, als wieder ein Stück Bart abzuschneiden. Da schimpfte der kleine garstige Zwerg aber los: "Oh, ihr Dummköpfe! Das schönste Stück meines Bartes habt ihr mir abgeschnitten. Was seid ihr doch ungeschickt! Der Teufel soll euch holen!" Als der Kleine jedoch merkte, dass er frei war, sprang er schnell zum Schilf, wo ein großer Sack mit Perlen stand. Geschwind lud er sich den Sack auf den Rücken und verschwand damit eilig und laut schimpfend. Doch die Mädchen lachten nur über den garstigen und undankbaren Zwerg.

Wieder vergingen einige Tage und die Mädchen hatten den Bösewicht schon längst wieder vergessen. Da sprach die Mutter zu Schneeweißchen und Rosenrot: "Geht bitte in die Stadt und kauft Nadeln, Zwirn und Bänder!" Die beiden Mädchen zogen fröhlich los, denn sie freuten sich darauf, wieder einmal seit langer Zeit in die Stadt zu gehen. Nachdem sie alles erledigt hatten, was ihnen die Mutter aufgetragen hatte, vergnügten sich die Mädchen noch bis zum Abend in der Stadt. Als sie den Heimweg antraten, neigte sich der Tag schon langsam seinem Ende entgegen. Während sie durch den Wald liefen, beobachteten die Mädchen einen Adler, der stolz über ihnen kreiste. Plötzlich stieß der Adler bei den nahen Felsen nieder. Kurz darauf hörten sie ein fürchterliches Geschrei. Schneeweißchen und Rosenrot liefen schnell zu dem Felsen. Dort sahen sie, dass der Adler ihren alten Bekannten, den kleinen garstigen Zwerg, gepackt hatte und mit ihm davonfliegen wollte. Der kleine Zwerg hielt sich mit seiner ganzen Kraft am Felsen fest und schrie und zappelte dazu fürchterlich. Ohne lange zu überlegen, packten die Mädchen den Zwerg an den Beinen und zogen und zogen, bis der Adler von seiner Beute endlich abließ. Nachdem sich der Zwerg von dem ersten Schrecken erholt hatte, schimpfte er auch schon wieder auf die Mädchen ein: "Oh, ihr ungeschickten Mädchen! Seht doch, was ihr angerichtet habt! Meine schöne Hose habt ihr garstigen Mädchen mir zerrissen." Damit lief der Zwerg laut schimpfend zu dem Felsen, wo er einen großen Sack hervorholte, der bis zum Rand mit Edelsteinen gefüllt war. Damit verschwand er in einer kleinen Höhle. Die beiden Mädchen aber setzten lachend ihren Heimweg fort. Als sie eine Zeit gegangen waren, kamen sie auf eine

Wiese. Mitten auf der Wiese saß der kleine Zwerg. Neben ihm stand ein großer Sack. Der Zwerg hatte auf einem flachen Stein vor sich seine Edelsteine ausgebreitet, die wunderschön in der Abendsonne funkelten. Da die Edelsteine so schön in der Abendsonne glänzten, blieben die Mädchen stehen und schauten voller Bewunderung auf die kleinen glitzernden Steinchen. Der Zwerg war so in seine Arbeit vertieft, dass er die Mädchen gar nicht bemerkte. Doch plötzlich musste Rosenrot niesen. Der Zwerg fuhr erschrocken auf und schrie die zwei Mädchen an: "Seht zu, dass ihr weiterkommt! Ihr garstigen Mädchen wollt mir meine Schätze stehlen. Verschwindet! Oder ich werde euch verprügeln, dass euch Hören und Sehen vergeht." In diesem Moment war ein lautes Brummen zu hören und hinter ihnen stand plötzlich ein großer zottiger Bär. Da erschrak der Zwerg fürchterlich und schrie: "He, Bär! Friss mich nicht! Sieh mich doch an! Ich bin so klein und dünn, dass du nichts von mir haben wirst. Mich spürst du nicht einmal zwischen deinen Zähnen. Friss lieber die beiden Mädchen! Die werden dir schmecken." Doch der Bär brummte nur böse, ging auf den Zwerg zu und erschlug ihn mit einem einzigen Hieb seiner schweren Tatze. Die Mädchen waren fürchterlich erschrocken. Doch da sprach der Bär mit menschlicher Stimme: "Habt keine Angst, Schneeweißchen und Rosenrot! Ich bin es, euer Freund der Bär." Mit diesen Worten trat der Bär zu den beiden Mädchen. Als er vor Schneeweißchen und Rosenrot stand, fiel plötzlich der Pelz von ihm ab. Und vor den Mädchen stand ein wunderschöner Prinz in goldenen Kleidern, der zu ihnen sprach: "Dieser böse Zwerg hatte mich verzaubert und mir alle meine Schätze gestohlen. Ich sollte meine menschliche Gestalt erst wieder erlangen, wenn der garstige Zwerg tot ist. Nun habe ich den Bösewicht getötet und der Zauber ist gebrochen." Die Mädchen umarmten glücklich den Königssohn.

Nachdem sie der Mutter zu Hause alles erzählt hatten, zogen alle fröhlich zum Schloss. Dort wurde auch bald ein großes Hochzeitsfest gefeiert. Schneeweißchen heiratete den Königssohn und Rosenrot wurde mit dessen Bruder vermählt.

So lebten alle glücklich und zufrieden noch viele Jahre zusammen.

Brüderchen und Schwesterchen

Es waren einmal ein Brüderchen und ein Schwesterchen. Eines Tages sprach das Brüderchen zu seinem Schwesterchen: "Ach Schwesterchen! Seit unsere Mutter tot ist und wir bei der bösen Stiefmutter leben, haben wir keine gute Stunde mehr. Wir wollen allein in die Welt gehen und unser Glück suchen." Schwesterchen antwortete: "Ja, du hast recht, Brüderchen. Wir haben keine gute Stunde mehr. Komm! Lass uns gehen in die weite, weite Welt!" Gesagt, getan. So zogen Brüderchen und Schwesterchen an einem Spätsommertag hinaus in die weite, weite Welt. Und sie liefen und liefen und kamen eines Tages in einen großen, tiefen Wald. Doch es war ein heißer Spätsommertag und Brüderchen hatte großen Durst. Und als sie so liefen, kamen sie an eine Quelle. Doch die Quelle war verzaubert von der bösen Stiefmutter, die eine Hexe war. Und als Brüderchen trinken

www.cholmonco.com/ewe100025.mp3

wollte, sprach die Quelle: "Wer aus mir trinkt, der wird ein Tiger. Wer aus mir trinkt, der wird ein Tiger." Da rief das Schwesterchen: "Bitte, liebes Brüderlein, trinke nicht! Bitte trinke nicht! Wenn du trinkst, dann wirst du ein Tiger und wirst mich zerreißen." Das Brüderchen sprach: "Es ist so heiß und ich habe so großen Durst, aber du hast recht. Wenn ich trinke, dann werde ich ein Tiger und werde dich zerreißen. Und das will ich doch nicht. Du bist doch mein liebes Schwesterchen."

Und so liefen die zwei weiter durch den tiefen Wald. Doch das Brüderchen sprach nach einiger Zeit wieder: "Oh, liebes Schwesterchen, ich bin so durstig. Ich habe so einen großen Durst." Und als sie noch ein Weilchen gelaufen waren, kamen sie wieder zu einer Quelle. Und die Quelle sprach: "Wer aus mir trinkt, der wird ein Wolf. Wer aus mir trinkt, der wird ein Wolf." Da bat das Schwesterchen: "Liebes Brüderchen, bitte trinke nicht. Wenn du trinkst, dann wirst du ein Wolf und wirst mich fressen." Das Brüderchen sprach: "Ich hab' so großen Durst liebes Schwesterchen, aber du hast recht. Wenn ich trinke, dann werde ich ein Wolf und zerreiße dich. Und das möchte ich doch nicht. Ich hab' dich doch lieb."

Und so liefen die zwei Geschwister weiter durch den Wald. Und als sie ein Weilchen gelaufen waren, sprach das Brüderchen wieder: "Oh Schwesterchen, ich habe solchen Durst. Ich kann nicht mehr. Ich kann nicht mehr." Und sie kamen wieder an eine Quelle. Und die Quelle war wieder verzaubert und sprach: "Wer aus mir trinkt, der wird ein Reh. Wer aus mir trinkt, der wird ein Reh." "Oh liebes Brüderchen, bitte trinke kein Wasser. Wenn du das Wasser trinkst, dann wirst du ein Reh und läufst mir davon und ich bin allein", sprach das Schwesterchen. "Liebes Schwesterchen, du hast ja recht, aber ich halte es nicht mehr aus. Die Hitze ist unerträglich und ich habe so einen Durst. Ich bin so durstig, ich muss etwas trinken", erwiderte das Brüderchen und trank auch schon von dem Wasser. Im selben Augenblick, als es das Wasser trank, wurde das Brüderchen ein Reh. Das Schwesterchen weinte und weinte bitterlich. Aber was sollte es machen? Es flocht dem Rehlein ein kleines Seil aus Gras und band es ihm um den Hals. Und dann gingen die zwei weiter durch den tiefen, dunklen Wald, bis sie an ein kleines Häuschen kamen. Das Schwesterchen klopfte, doch niemand antwortete. Und als das Schwesterchen die Tür öffnete, sah es, dass in dem Haus niemand wohnte. "Komm, liebes Brüderchen. Hier wollen wir wohnen." Sie gingen in das Häuschen. Und das Schwesterchen sammelte Gras und Stroh und machte daraus dem Rehlein ein Lager. Und dort lebten Brüderchen und Schwesterchen eine Weile glücklich und zufrieden. Nur, dass das Schwesterchen traurig war, dass das Brüderchen ein Rehlein war.

Eines Tages veranstaltete der König des Landes eine Jagd in dem Wald. Und als das Rehlein das Jagdhorn hörte, bettelte es das Schwesterchen: "Oh Schwesterchen, Schwesterchen, bitte lass mich zur Jagd. Ich möchte hinaus. Ich halt' es nicht mehr aus." Das Schwesterchen nahm ihr Strumpfband und legte es dem Rehlein um den Hals und sprach: "Aber bevor es dunkel wird, musst du zurück sein." Das Rehlein versprach es und das Mädchen öffnete dem Rehlein die Tür und das Rehlein sprang hinaus. Und das Rehlein hatte seine Freude den ganzen Tag bei der Jagd und hörte die Jagdhörner rufen.

Am Abend, bevor es dunkel wurde, kehrte es zurück zum Häuschen und rief: "Liebes Schwesterlein, ich bin's, dein Rehlein. Bitte lass mich herein." Doch als das Rehlein vor der Tür stand und so sprach, beobachtete dies ein Diener des Königs. Und der Diener kehrte zu seinem Herrn zurück und erzählte ihm alles.

Am zweiten Tag veranstaltete der König wieder eine Jagd. Und das Rehlein bettelte wieder das Schwesterchen: "Bitte lass mich hinaus. Ich möchte zur Jagd. Ich halt' es nicht mehr aus." Das Schwesterchen sprach: "Gut. Du hast mir keine Sorgen gemacht. Du bist zur Zeit zurückgekehrt. Du sollst dein Vergnügen und deine Freude haben. Vergnüg dich auf der Jagd!" Und das Schwesterchen öffnete die Tür und das Rehlein sprang lustig hinaus in den Wald. Und das Rehlein war mit auf der Jagd und sprang hin und sprang her. Die Jäger versuchten, das Rehlein zu fangen, aber das Rehlein war immer schneller als die Jäger.

Am Abend, als das Rehlein nach Hause zurückkehrte, folgte der König leise dem Rehlein bis an das Häuschen. Und als das Rehlein an die Tür klopfte und rief: "Liebes Schwesterlein, lass mich herein. Ich bin's, dein Rehlein", öffnete das Schwesterchen die Tür. Und der König sah, dass es ein wunderschönes Mädchen war. Und der König lief zu dem Häuschen, öffnete die Tür und sprach: "Du schönes Mädchen, komm mit mir auf mein Schloss. Ich möchte dich heiraten und du sollst meine Frau sein." Zuerst war das Schwesterchen natürlich erschrocken. Doch weil der König so freundlich zu ihr sprach, fasste sie schnell Vertrauen und willigte ein.

Und so kamen das Schwesterchen und das Rehlein auf das Königsschloss. Bald wurde Hochzeit gefeiert. Die Hochzeit war ein wunderschönes Fest und sie feierten drei Tage hintereinander. Und alle lebten glücklich zusammen. Ein bisschen traurig war das Schwesterchen nur noch, weil das Brüderchen immer noch ein Rehlein war.

Eines Tages musste der König in den Krieg, weil ein böser Nachbar sein Land bedrohte. Während der König im Krieg war, gebar die Königin einen wunderschönen Königssohn. Ein Diener musste einen Brief zum König bringen, dass ihm ein wunderschöner Sohn geboren war. In dem Schloss wohnten aber auch die böse Stiefmutter und ihre hässliche Tochter. Die Tochter sprach: "Das Schwesterchen hat so ein Glück. Sie ist die junge Königin. Sie hat auch noch einen wunderschönen Sohn zur Welt gebracht. Das Glück hätte mir gebührt." "Wart' nur ab!" sprach die alte Stiefmutter. "Ich werde mir etwas überlegen." Die alte Stiefmutter verwandelte sich in eine Dienerin und ging zur Königin und sprach: "Eine junge Mutter braucht ein frisches Bad. Ich will der Frau Königin das Bad richten." Die Königin antwortete: "Ja, tu das nur. Das wird mir guttun." Die Stiefmutter aber ließ in die Badewanne so heißes Wasser, dass die Königin bald in dem Bade ersticken musste. Ihre leibliche Tochter aber, die hässlich war, verwandelte sie in die Königin, sodass sie genauso aussah wie die Königin.

Nach einer Zeit nun kam der König zurück aus dem Krieg, um seinen jungen Königssohn zu sehen. Er war glücklich, seinen jungen Königssohn zu sehen. Und dass er so einen schönen Sohn hatte, freute ihn von Herzen. Bei dem jungen Königssohn wachte natürlich auch eine Dienerin. Nachts, als die Dienerin am Bettchen des Königssohnes saß, hörte sie plötzlich, wie die Tür aufging. Und herein trat die Königin. Es war aber nicht die verzauberte hässliche Tochter der Stiefmutter, sondern es war die richtige Königin. Sie nahm das Kindchen auf den Arm und wiegte und herzte und küsste es und sprach: "Mein liebes Kind, nun komm' ich noch zweimal und dann nimmermehr", legte das Kindchen wieder in die Wiege und verschwand.

Die Dienerin erzählte am nächsten Morgen dem König, was sie beobachtet hatte. In der zweiten Nacht sprach der König: "Ich werde mich selbst an das Bettchen setzen und bei dem Kinde wachen." Gesagt, getan. Der König versteckte sich hinter dem Bettchen seines Sohnes und blieb die ganze Nacht bei dem Sohn. Um Mitternacht öffnete sich wieder die Tür. Herein kam die Königin. Sie nahm ihren Sohn auf den Arm, gab ihm Milch, herzte und küsste den Königssohn und legte schließlich das Kind wieder in das Bettchen und sprach: "Mein liebes Kind, nun komm' ich noch eine Nacht und dann nimmermehr." Der König hatte vor Staunen den Mund aufgerissen und brachte kein Wort hervor. Und bevor er etwas sagen konnte, war die Königin auch schon wieder verschwunden.

In der dritten Nacht nahm sich der König vor: "Diesmal will ich etwas sagen." Er setzte sich diesmal an das Bettchen des Königssohnes und wachte die Nacht bei seinem Söhnchen. Um Mitternacht öffnete sich wieder die Tür und herein kam die Königin, nahm das Kindlein auf den Arm und sprach: "Nun komm' ich nur noch diese Nacht und dann nimmermehr." Sie wiegte und herzte und küsste ihr Söhnchen und legte das Söhnchen wieder zurück in sein Bettchen. Doch als die Königin gehen wollte, sprach der König: "Meine liebe Frau, bist du es?" Und da war der Zauber verschwunden und die Königin war wieder lebendig. Die Tochter der Stiefmutter war wieder das alte hässliche Mädchen.

Die Königin erzählte dem König, wie sich alles zugetragen hatte. Und der König war böse auf die Stiefmutter und auf ihre Tochter. Aber das Schwesterchen antwortete: "Nein, bitte lass sie leben. Bitte töte sie nicht", denn die Königin hatte ein gutes Herz. Da gingen der König und die Königin zur Stiefmutter und sprachen: "Mach, dass das Rehlein wieder das Brüderchen wird!" Die böse Stiefmutter nahm den Zauber von dem Brüderchen und aus dem Rehlein wurde wieder das Brüderchen. Und die Königin nahm ihr Brüderchen in den Arm und herzte und küsste es. Die Stiefmutter aber und ihre böse Tochter wurden vom Schloss gejagt und mussten im tiefen Wald allein leben.

Die Königin und der König und der junge Königssohn und das Brüderchen aber lebten noch viele Jahre glücklich und zufrieden zusammen.

Sprachübungen

Hans im Glück

Fragen zum Text

1) Warum hat Hans einen Klumpen Gold bekommen?
2) Welche Tauschgeschäfte schloss Hans ab?
3) Warum glaubte Hans, dass die Kuh besser als das Pferd sei?
4) Was besitzt Hans am Ende des Märchens und warum?
5) Warum heißt das Märchen "Hans im Glück"?

Antworten

1) Weil Hans sieben Jahre bei einem reichen Kaufmann gut gearbeitet hat.
2) Hans tauschte den Goldklumpen gegen ein Pferd das Pferd gegen eine Kuh, die Kuh gegen ein Schwein und das Schwein gegen Steine.
3) Das Pferd hatte Hans abgeworfen. Von der Kuh konnte er Milch und Fleisch bekommen.
4) Am Ende besitzt Hans nichts. Er hat die Steine auf den Brunnenrand gelegt. Um Wasser trinken zu können, musste sich Hans über den Brunnenrand beugen. Dabei sind die Steine ins Wasser gefallen.
5) An dem Klumpen Gold hatte Hans schwer zu tragen. Die Tiere gehorchten ihm nicht. Auch die Steine waren Hans viel zu schwer. Da Hans am Ende nichts mehr besaß, hatte er auch keine Probleme mehr mit den getauschten Dingen. Deshalb glaubte Hans, Glück gehabt zu haben.

Aufgaben zur Grammatik und Wortbildung

1) Unterstreiche in den ersten drei Abschnitten die Adjektivattribute und das dazugehörige Substantiv.

   Beispiel: junger Bursche

2) Schreibe die unterstrichenen Substantive mit bestimmtem Artikel und Adjektivattribut im Nominativ untereinander.

   Schreibe dann das Gegenteil mit unbestimmtem Artikel daneben.

   Beispiel: der reiche Kaufmann - ein armer Kaufmann

3) Suche zu den folgenden Adjektiven Synonyme

   Beispiel: freundlich – nett, höflich

   a) reich -
   b) böse -
   c) schön -

4) Forme die Sätze ins Passiv um.

   Beispiel: Hans schleppte den schweren Goldklumpen.

   Der schwere Goldklumpen wurde von Hans geschleppt.

   a) Hans tauschte den Goldklumpen gegen das Pferd.
   b) Das Pferd warf den Reiter ab.
   c) Man kann das Schwein schlachten.
   d) Der Mann schliff die Messer und die Scheren.
   e) Ich muss die schweren Steine nicht mehr tragen.
   f) Er konnte keinen Lohn nach Hause mitnehmen.

5) Was bedeuten die Sätze? Sage es anders.

   Beispiel: Ich bin es schon müde, den Klumpen Gold durch die Welt zu tragen.

   Ich habe keine Lust mehr, den Klumpen Gold durch die Welt zu tragen.

   a) Der Reiter witterte ein Geschäft.
   b) Das Pferd steht gut im Fleisch.
   c) Die Kuh versetzte ihm einen kräftigen Tritt.

Lösungen

1) | der junge Bursche | - ein alter Mann |
   |---|---|
   | der reiche Kaufmann | - ein armer Kaufmann |
   | der gute Lohn | - ein schlechter Lohn |
   | der schwere Klumpen | - ein leichter Klumpen |
   | das böse Pferd | - ein artiges/liebes Pferd |
   | das schöne Pferd | - ein hässliches Pferd |
   | das wunderschöne Pferd | - ein furchtbar hässliches Pferd |
   | das gute Pferd | - ein schlechtes Pferd |
   | der schlechte Lohn | - ein guter Lohn |
   | die frische Milch | - saure/alte Milch |

2) wohlhabend, vermögend, gutgestellt

   frech, schlecht, unartig

   hübsch, gutaussehend, herrlich

3) Der Goldklumpen wurde von Hans gegen das Pferd getauscht.

   Der Reiter wurde vom Pferd abgeworfen.

   Das Schwein kann geschlachtet werden.

   Die Messer und die Scheren wurden von dem Mann geschliffen.

   Die schweren Steine müssen nicht mehr von mir getragen werden.

   Lohn konnte von ihm keiner nach Hause mitgenommen werden.

4) Der Reiter ahnte ein Geschäft.

   Das Pferd ist wohlgenährt/kräftig./Man hat das Pferd gut gefüttert.

   Die Kuh trat/stieß ihn kräftig.

Die sieben Geißlein

Fragen zum Text

1) Wer half dem Wolf und wie?
2) Warum glaubten die Geißlein, dass der Wolf ihre Mutter sei?
3) Wo versteckten sich die Geißlein?
4) Wie retteten die Ziege und das siebente Geißlein die anderen sechs Geißlein?
5) Warum ist der Wolf ertunken?

Antworten

1) Der Kaufmann gab ihm Kreide. Der Bäcker strich ihm Teig auf die Pfote. Der Müller streute dem Wolf Mehl auf die Pfote.
2) Sie glaubten, es sei die Mutter, weil der Wolf durch die Kreide eine helle Stimme hatte. Durch das Mehl war die Pfote des Wolfes weiß wie die der Mutter.
3) Die Geißlein versteckten sich im Bett, unter dem Bett, auf dem Schrank, unter dem Tisch, im Schrank, hinter der Tür und im Uhrkasten.
4) Sie schnitten dem Wolf den Bauch auf, füllten ihn mit Steinen und nähten den Bauch wieder zu.
5) Weil der Wolf Durst hatte, ging er zum Brunnen. Als er sich über den Brunnenrand beugte, zogen ihn die schweren Steine in seinem Bauch in die Tiefe.

Aufgaben zur Grammatik und Wortbildung

1) Unterstreiche alle trennbar zusammengesetzten Verben.

   Schreibe dann die Verben im Infinitiv untereinander und ergänze das Präteritum und das Partizip Perfekt.

   Beispiel: Die alte Ziege nahm ihren großen Korb und <u>zog hinaus</u> in den Wald.

Infinitiv	Präteritum	Partizip Perfekt
hinausziehen	zog hinaus	hinausgezogen

2) Was passierte im Haus, nachdem die Geißlein dem Wolf die Tür geöffnet hatten? Suche den Textabschnitt. Lies den Abschnitt im Perfekt.

3) Wo versteckten sich die Geißlein? Antworte mit dem Dativ.

4) Wohin sprangen die Geißlein? Antworte mit dem Akkusativ.

Lösungen

1)
Infinitiv	Präteritum	Partizip Perfekt
hinausziehen	zog hinaus	hinausgezogen
mitbringen	brachte mit	mitgebracht
aufmachen	machte auf	aufgemacht
davonlaufen	lief davon	davongelaufen
hergeben	gab her	hergegeben
auffressen	fraß auf	aufgefressen
zurücklaufen	lief zurück	zurückgelaufen
davonziehen	zog davon	davongezogen
zurückkommen	kam zurück	zurückgekommen
sich zutragen	trug sich zu	sich zugetragen
sich sattfressen	fraß sich satt	sich sattgefressen
einschlafen	schlief ein	eingeschlafen
aufschneiden	schnitt auf	aufgeschnitten
herausspringen	sprang heraus	herausgesprungen
zunähen	nähte zu	zugenäht
aufstehen	stand auf	aufgestanden
hineinziehen	zog hinein	hineingezogen

2) Der Wolf ist durch das Zimmer gelaufen und wollte die Geißlein fangen. Schnell haben sich alle sieben Geißlein zu verstecken versucht. Das erste Geißlein ist ins Bett gesprungen. Das zweite Geißlein wollte sich unterm Bett verstecken. Das dritte Geißlein ist auf den Schrank gekrochen. Das vierte Geißlein hat sich unter dem Tisch versteckt. Das fünfte Geißlein ist schnell in den Schrank gesprungen und das sechste Geißlein ist schnell hinter die Tür gesprungen. Das siebente Geißlein aber hat sich im Uhrkasten versteckt. Der Wolf hat die sieben Geißlein gesucht und er hat sie alle gefunden. Bis auf eins. Das siebente, das kleinste Geißlein im Uhrkasten, hat er nicht gefunden. Der Wolf hat die Geißlein verschluckt und ist davongezogen.

3) Die Geißlein versteckten sich im Bett, unter dem Bett, auf dem Schrank, unter dem Tisch, im Schrank, hinter der Tür und im Uhrkasten.

4) Die Geißlein sprangen ins Bett, unter das Bett, auf den Schrank, unter den Tisch, in den Schrank, hinter die Tür und in den Uhrkasten.

Rotkäppchen

Fragen zum Text

1) Warum heißt das Mädchen Rotkäppchen?
2) Was hat Rotkäppchen falsch gemacht?
3) Wie sah die "Großmutter" aus, als Rotkäppchen dorthin kam?
4) Wer hat die Großmutter und Rotkäppchen gerettet und wie?
5) Was für eine Strafe hat der Wolf bekommen?

Antworten

1) Weil das Mädchen eine rote Kappe von der Großmutter geschenkt bekommen hatte und darin so schön aussah.
2) Rotkäppchen hat dem Wolf den Weg zur Großmutter erklärt. Das Mädchen ist nicht auf dem Weg geblieben, sondern ist Blumen pflücken gegangen.
3) Die "Großmutter" hatte große Ohren, große Augen, große Hände und einen großen Mund.
4) Der Jäger hat dem Wolf mit einem Messer den Bauch aufgeschnitten.
5) Der Wolf musste bis zum Ende seines Lebens im Tierpark bleiben und durfte nicht in den Wald zurückkehren.

Aufgaben zur Grammatik und Wortbildung

1) Ergänze die passenden Modalverben im Präteritum.

Beispiel: Die Großmutter konnte nicht aufstehen, weil sie krank war.

   a) Rotkäppchen _____ Kuchen und Wein zur Großmutter bringen.
   b) Das Mädchen _____ durch den Wald laufen.
   c) Rottkäppchen _____ ein paar Blumen pflücken, was sie eigentlich nicht _____.
   d) So hatte der Wolf genug Zeit und _____ die Großmutter inzwischen fressen.
   e) Der Wolf _____ auch das Rotkäppchen fressen und wartete deshalb im Bett der Großmutter.
   f) Der Jäger _____ die Großmutter und das Rotkäppchen retten.
   g) Der Wolf _____ bis an sein Lebensende im Tierpark leben

2) Forme die direkte Rede in die indirekte Rede um.

Beispiel: Die Mutter sagte: "Rotkäppchen, du musst auf dem Weg bleiben."

Die Mutter sagte, dass Rotkäppchen auf dem Weg bleiben müsse.

   a) Der Wolf wollte von Rotkäppchen wissen: "Wo wohnt die Großmutter?"
   b) Rotkäppchen antwortete: "Die Großmutter wohnt im Häuschen unter den drei Eichen."
   c) Der Wolf fragte Rotkäppchen: "Willst du nicht ein paar Blumen pflücken?"
   d) Rotkäppchen dachte: "Es ist nicht so schlimm, wenn ich ein paar Meter neben dem Weg Blumen pflücke."

3) Unterstreiche die Antworten des Wolfes, die er Rotkäppchen gab, als er im Bett der Großmutter lag.

Forme die Sätze mit "damit" in Infinitivkonstruktionen um.

Lies die Fragen und die umgeformten Antworten laut.

Beispiel: Der Wolf ging zur Großmutter, damit er sie fressen konnte.

Der Wolf ging zur Großmutter, um sie fressen zu können.

Lösungen

1)

    a) sollte
    b) musste
    c) wollte, durfte
    d) konnte
    e) wollte
    f) konnte
    g) musste

2)

    a) Der Wolf wollte von Rotkäppchen wissen, wo die Großmutter wohne.
    b) Rotkäppchen antwortete, dass die Großmutter im Häuschen unter den drei Eichen wohne.
    c) Der Wolf fragte Rotkäppchen, ob sie nicht ein paar Blumen pflücken wolle.
    d) Rotkäppchen dachte, dass es nicht so schlimm sei, wenn sie ein paar Meter neben dem Weg Blumen pflücke.

3)

    a) "Um dich besser hören zu können, mein Kind."
    b) "Um dich besser sehen zu können."
    c) "Um dich besser packen zu können."
    d) "Um dich besser fressen zu können.

Die Bremer Stadtmusikanten

Fragen zum Text

1) Welche Tiere sind von zu Hause ausgerissen?
2) Warum sind die Tiere weggelaufen?
3) Wie erschreckten die Tiere die Räuber?
4) Wie vertrieben die Tiere den Räuber, der noch einmal zum Häuschen zurückkam?
5) Was glaubten die Räuber, wer in dem Haus wohne?
6) Was machten die Tiere am nächsten Morgen?

Antworten

1) Ein Esel, ein Hund, eine Katze und ein Hahn sind von zu Hause ausgerissen.
2) Der Esel bekam jeden Tag Prügel, weil er die schweren Säcke nicht mehr zur Mühle tragen konnte. Der Jäger wollte den Hund erschießen, weil er nicht mehr gut jagen konnte.

   Die Katze bekam ständig Prügel und sollte ersäuft werden, weil sie nicht mehr gut Mäuse fangen konnte.

   Der Hahn sollte für die Suppe geschlachtet werden.
3) Auf dem Rücken des Esels stand der Hund. Die Katze war auf den Rücken des Hundes gesprungen und der Hahn war auf den Rücken der Katze geflattert. Die vier Tiere brüllten, bellten, miauten und krähten zusammen. Durch dieses "Konzert" erschreckten die Tiere die Räuber.
4) Die Katze zerkratzte ihm das Gesicht. Der Hund biss ihn ins Bein. Der Esel versetzte dem Räuber einen kräftigen Tritt und der Hahn krähte laut.
5) Die Räuber glaubten, dass dort eine Hexe, ein Riese und noch zwei andere Ungeheuer wohnten.
6) Die Tiere zogen nicht nach Bremen, sondern blieben in dem Häuschen.

Aufgaben zur Grammatik und Wortbildung

1) Was können die verschiedenen Tiere machen? Unterstreiche die Tätigkeiten. Schreibe sie dann dem jeweiligen Tier zugeordnet heraus.

   Beispiel: Frosch: hüpfen, springen, quaken, Fliegen fressen

2) Was ist mit den folgenden Wörtern gemeint?

   Beispiel: Wirtshaus - Gaststätte

   a) Herberge
   b) Kamin
   c) Ungeheuer
   d) Hof

3) Ersetze die unterstrichenen Wörter und Wendungen durch andere.

   Beispiel: Ich bin von zu Hause weggelaufen.

   Ich bin von zu Hause ausgerissen.

   a) Jeden Tag bekam der Esel Prügel.
   b) Er konnte die schwere Arbeit nicht mehr tun.
   c) Die vier Freunde kamen bald an ein Häuschen.
   d) Die Räuber hatten eine große Angst.
   e) Nun wollten sie doch nicht nach Bremen ziehen.

Lösungen

1)

Esel	Säcke tragen, laufen, brüllen, treten
Hund	bellen, jagen, springen, beißen
Katze	jammern, Mäuse fangen, zupacken, springen, miauen, kratzen
Hahn	krähen, fliegen, flattern, das Köpfchen unter den Flügel stecken, kikeriki schreien

2)

Herberge	kleines Hotel/Motel
Kamin	Ofen mit offenem Feuer
Ungeheuer	Lebewesen, die hässlich und ungewöhnlich aussehen, stark und böse sind
Hof	Haus mit einem großen Garten, wo ein Bauer mit Tieren lebt

3)

a) Jeden Tag wurde der Esel verprügelt/geschlagen.
b) Er konnte nicht mehr so schwer arbeiten. Er konnte die schwere Arbeit nicht mehr machen/leisten.
c) Die vier Freunde erreichten bald ein Häuschen.

Die vier Freunde gelangten bald zu einem Häuschen.

d) Die Räuber fürchteten/ängstigten sich sehr.
e) Nun wollten sie doch nicht nach Bremen gehen/laufen/wandern.

Nun wollten sie sich doch nicht auf den Weg nach Bremen machen.

Das Märchen vom Rumpelstilzchen

Fragen zum Text

1) Was erzählte der Bauer Kunz in der Gaststätte?
2) Welche Aufgaben bekam das Mädchen auf dem Königsschloss?
3) Wie löste das Mädchen die Aufgaben?
4) Was für eine Belohnung bekam das Mädchen?
5) Was passierte, als das Männchen den kleinen Königssohn holen wollte?
6) Wer fand den Namen des Männchens heraus und wie?
7) Was geschah, als die Königin den Namen von Rumpelstilzchen erriet?

Antworten

1) Er erzählte, dass er eine wunderschöne Tochter habe, die sehr fleißig sei und Stroh zu Gold spinnen könne.
2) Das Mädchen sollte in drei Nächten in drei großen Räumen, die bis unter die Decke mit Stroh gefüllt waren, mit einem Spinnrad Stroh zu Gold spinnen.
3) Um Mitternacht erschien immer ein Männchen, dem das Mädchen zuerst ihr Kettchen und in der zweiten Nacht ihren Ring gab. In der dritten Nacht versprach das Mädchen dem Männchen ihr erstes Kind. Dafür spann das Männchen das Stroh zu Gold.
4) Das Mädchen wurde Königin, denn der König heiratete das Mädchen.
5) Die Königin wollte dem Männchen ihr Kind nicht geben. Das Männchen war schließlich damit einverstanden, noch einmal wiederzukommen. Wenn die Königin den Namen des Männchens erraten könnte, wollte das Männchen den Königssohn nicht mitnehmen.

6) Ein Diener, den die Königin ins Land geschickt hatte, um neue Namen aufzuschreiben, kam in der Nacht in einen Wald. Dort sah er ein Männchen um ein Feuer tanzen. Das Männchen sang ein Lied, in dem es seinen Namen verriet.

7) Rumpelstilzchen stampfte so lange mit dem Fuß auf die Erde, bis es unter der Erde verschwunden war.

Aufgaben zur Grammatik und Wortbildung

1) Schreibe aus den ersten vier Abschnitten die Adjektive heraus.

   Ergänze den Komparativ und den Superlativ.

   Beispiel: hoch - höher - am höchsten

2) Suche Synonyme für die unterstrichenen Adjektive.

   Beispiel: Das Ungeheuer sah schrecklich aus. - grässlich, hässlich, furchteinflößend

   a) Das Mädchen war wunderschön.
   b) Der König war überglücklich.
   c) Wie können Kinder sein? Suche passende Adjektive.

   Beispiel: lieb, niedlich ...

3) Unterstreiche im Text alle Sätze mit Imperativformen. Bilde die 2. Person Plural und die Höflichkeitsform.

   Beispiel: Komm bitte mit. - Kommt bitte mit. - Kommen Sie bitte mit.

Lösungen

1)

klug	klüger	am klügsten
fleißig	fleißiger	am fleißigsten
schön	schöner	am schönsten
schnell	schneller	am schnellsten
groß	größer	am größten
bitterlich	bitterlicher	am bitterlichsten
klein	kleiner	am kleinsten
alt	älter	am ältesten
grau	**keine Komparation**	

2)

 a) außerordentlich schön, sehr schön, besonders schön, außerordentlich hübsch, sehr hübsch, besonders hübsch, sagenhaft hübsch, von sagenhafter Schönheit, von märchenhafter Schönheit, schön wie die Sonne, schön wie eine Blume, schön wie eine Fee

 b) außerordentlich glücklich, sehr glücklich, sagenhaft glücklich, vor Glück überwältigt

 c) artig, frech, sauber, schmutzig, fleißig, faul, ordentlich, liederlich, müde, lustig, fröhlich, traurig, laut, leise, klein, süß

3) <u>Spinne mir dieses Stroh zu Gold</u> und ich werde dich reich belohnen.

    a)   Spinnt mir dieses Stroh zu Gold.
    b)   Spinnen Sie mir dieses Stroh zu Gold.

<u>Spinn das Stroh wieder zu Gold.</u>

    a)   Spinnt das Stroh wieder zu Gold.
    b)   Spinnen Sie das Stroh wieder zu Gold.

<u>Gib mir deinen Ring.</u>

    a)   Gebt mir euren Ring.
    b)   Geben Sie mir Ihren Ring.

<u>Bitte. hilf mir noch ein letztes Mal.</u>

    a)   Bitte, helft mir noch ein letztes Mal.
    b)   Bitte, helfen Sie mir noch ein letztes Mal.

<u>Versprich mir dein erstes Kind.</u>

    a)   Versprecht mir euer erstes Kind.
    b)   Versprechen Sie mir Ihr erstes Kind.

<u>Bitte, gib mir deinen Sohn.</u>

    a)   Bitte, gebt mir euren Sohn.
    b)   Bitte, geben Sie mir Ihren Sohn.

<u>Aber bitte lass mir meinen Sohn.</u>

    a)   Aber bitte lasst mir meinen Sohn.
    b)   Aber bitte lassen Sie mir meinen Sohn.

<u>Gib mir noch eine Nacht.</u>

    a)   Gebt mir noch eine Nacht.
    b)   Geben Sie mir noch eine Nacht.

Frau Holle

Fragen zum Text

1) Warum springt das fleißige Mädchen und warum springt das faule Mädchen in den Brunnen?
2) Was erfahren wir über Frau Holle?
3) Welche Arbeiten erledigt das fleißige Mädchen im Land der Frau Holle?
4) Warum erledigt das faule Mädchen diese Arbeiten nicht?
5) Wie heißen die Mädchen und warum heißen sie so?

Antworten

1) Das fleißige Mädchen springt in den Brunnen, weil ihm die Stiefmutter befiehlt, die in den Brunnen gefallene blutige Spule wiederzuholen. Das faule Mädchen springt in den Brunnen, um von Frau Holle Gold zu bekommen.
2) Frau Holle ist eine alte Frau mit großen Zähnen, die aber sehr freundlich ist. Sie wohnt im Märchenreich und wenn sie ihre Betten schüttelt, schneit es auf der Erde. Sie nimmt das fleißige und auch das faule Mädchen bei sich auf und zahlt ihnen für ihre Arbeit unter dem Tor zur Welt den gerechten Lohn.
3) Zuerst zieht das Mädchen die Brote aus dem Backofen. Anschließend schüttelt das Mädchen einen Apfelbaum und legt die reifen Äpfel auf einen Berg. Das Mädchen hält das Haus der Frau Holle in Ordnung und schüttelt jeden Tag kräftig die Betten.
4) Das faule Mädchen hat keine Lust, diese Arbeiten zu erledigen. Als Ausrede für ihre Faulheit gibt sie an, dass sie sich beim Herausziehen der Brote aus dem Backofen die Hände verbrennen könnte. Wenn sie den Apfelbaum schüttelt, könnte ihr ein Apfel auf den Kopf fallen. Das Mädchen will keine Zeit verlieren, sondern so schnell wie möglich zu Frau Holle gelangen, um das Gold zu bekommen.

5) Das fleißige Mädchen heißt Goldmarie, denn als sie unter dem Tor zur Welt steht, regnet es Gold auf sie herab und bleibt für immer an ihr haften. Das faule Mädchen heißt Pechmarie, denn als sie unter dem Tor steht, regnet es Pech, das für immer an ihr haften bleibt.

Aufgaben zur Grammatik und Wortbildung

1) Ersetze das Verb "sprechen" durch passende Synonyme.

   Beispiel: Das Kind sprach leise: "Die Goldmarie ist über und über mit Gold bedeckt."

   Das Kind flüsterte/wisperte/raunte: "Die Goldmarie ist ..."

   a) Die Mutter sprach böse: "Spring in den Brunnen, du dummes Ding!"
   b) Der Apfelbaum sprach: "Rüttle mich, schüttle mich! Meine Äpfel sind allesamt reif."
   c) Frau Holle sprach freundlich: "Willst du bei mir wohnen?"
   d) Das Mädchen sprach: "Das möchte ich sehr gern, und ich will auch das Haus in Ordnung halten."
   e) Das faule Mädchen sprach ungeduldig: "Ich will auch so viel Gold haben."
   f) Die Mutter sprach: "Reg dich nicht auf. Ich werde mir schon etwas für dich überlegen."

2) Schreibe aus den ersten drei Abschnitten alle Adjektive heraus und bilde das dazugehörige Substantiv mit Artikel.

   Beispiel: heilig - das Heiligtum

3) Durch welche Suffixe werden aus den Adjektiven Substantive? Welche Artikel verlangen diese Suffixe?

   Beispiel: Heiligtum - -tum = das

4) Suche noch weitere Beispiele mit diesen Suffixen.

   Beispiel: Altertum, Deutschtum, Eigentum, ! der Reichtum

5) Ergänze Artikel und Endungen.
Beispiel: ... Mutter liebte ... faul... Tochter mehr.
Die Mutter liebte die faule Tochter mehr.

.... alt....... Frau Holle schüttelte jed.......... Tag ihr........
Bett, sodass es auf .... Erde schneite. Als ....
fleißig............ Mädchen .... groß.......... Betten schüttelte,
gab es viel weiß................ Schnee in .... klein............
Dorf. .... Kinder fuhren mit ihr............ Schlitten.
.... faul.......... Schwester .... fleißig..............
Mädchens war sehr neidisch. Sie war aber auch zu faul,
.... gebacken................ Brote aus ....
heiß.............. Backofen zu holen und ....
reif.............. Äpfel von .... klein................
Apfelbaum zu schütteln.

6) Das stimmt doch nicht. Schreibe die Sätze richtig.

Beispiel: Das faule Mädchen war sehr hübsch.
Das faule Mädchen war nicht hübsch. Das faule Mädchen
war hässlich.

Das hässliche Mädchen war alt, aber immer fleißig. Es war
freundlich und sehr nett. Es zog die Brote aus dem Ofen. Es
schüttelte die Betten und auf die Erde fiel Schnee. Die Kinder
konnten einen Schneemann bauen und waren sehr fröhlich.

Lösungen

1)

    a) Die Mutter schimpfte/verlangte/befahl/keifte: "Spring in den Brunnen, ..."

    b) Der Apfelbaum rief/bat/flehte: "Rüttle mich, ..."

    c) Frau Holle fragte freundlich/wandte sich freundlich an das Mädchen: "Willst du bei mir wohnen?"

    d) Das Mädchen antwortete/entgegnete/erwiderte/sagte: "Das möchte ich ..."

    e) Das faule Mädchen bettelte/drängte/drängelte/quengelte/zeterte: "Ich will ..."

    f) Die Mutter beruhigte sie/beschwichtigte sie/versprach ihr: "Ich werde ..."

2)

schön	- die Schönheit
fleißig	- der Fleiß
faul	- die Faulheit
hässlich	- die Hässlichkeit
steif	- die Steife, die Steifheit
böse	- die Bosheit
dumm	- die Dummheit
kalt	- die Kälte
tief	- die Tiefe
lieb	- die Liebe
gut	- die Güte

3)

Suffix -e	= Artikel "die"
Suffix -heit	= Artikel "die"
Suffix -keit	= Artikel "die"

4)

-e
Stärke, Länge, Höhe, Breite, Kälte, Wärme, Größe, Reife, ...

-heit
Dunkelheit, Wahrheit, Freiheit, Gesundheit, Krankheit, Seltenheit, ...

-keit
Freundlichkeit, Sauberkeit, Deutlichkeit, Schwierigkeit, Höflichkeit, ...

5) Die alte Frau Holle schüttelte jeden Tag ihr Bett, sodass es auf der Erde schneite. Als das fleißige Mädchen die großen Betten schüttelte, gab es viel weißen Schnee in dem kleinen Dorf. Die Kinder fuhren mit ihren Schlitten. Die faule Schwester des fleißigen Mädchens war sehr neidisch. Sie war aber auch zu faul, die gebackenen Brote aus dem heißen Backofen zu holen und die reifen Äpfel von dem kleinen Apfelbaum zu schütteln.

6) Das hässliche Mädchen war nicht alt/jung, aber immer faul/nie fleißig.

Es war unfreundlich und nicht nett.

Es zog die Brote nicht aus dem Ofen.

Es schüttelte die Betten nicht und auf die Erde fiel kein Schnee.

Die Kinder konnten keinen Schneemann bauen und waren sehr traurig/nicht fröhlich.

Der Froschkönig

Fragen zum Text

1) Welches Versprechen gibt die Prinzessin dem Frosch am Brunnen und warum?
2) Warum wartete die Prinzessin nicht auf den Frosch?
3) Warum musste die Prinzessin ihr Versprechen doch noch einlösen?
4) Wie verhielt sich die Prinzessin am Brunnen zu dem Frosch und wie im Schloss?
5) Warum nahm das Märchen doch noch ein glückliches Ende?

Antworten

1) Die Prinzessin versprach dem Frosch, ihn ins Königsschloss mitzunehmen. Er sollte neben ihr sitzen und mit ihr von ihrem Teller essen und aus ihrem Becher trinken. Nachts sollte er mit ihr zusammen in ihrem Bettchen schlafen. Sie versprach es ihm, damit er ihr die goldene Kugel aus dem Brunnen holte.
2) Die Prinzessin wollte ohne den Frosch zum Schloss zurückgehen. Sie wollte ihr Versprechen nicht einlösen, weil sie sich vor dem Frosch ekelte.
3) Der Frosch war zum Schloss gekommen und bat um Einlass. Nachdem die Prinzessin die ganze Geschichte ihrem Vater erzählt hatte, befahl er ihr, den Frosch hereinzulassen und ihr Versprechen einzulösen. Sie musste ihr Versprechen einlösen, denn der König war der Meinung, was man versprochen habe, müsse man halten.
4) Am Brunnen war die Prinzessin sehr nett zu dem Frosch und versprach ihm alles. Im Schloss ekelte sie sich vor ihm und war sehr grob zu ihm. Sie warf ihn vor Ekel an die Wand.
5) Als die Prinzessin den Frosch an die Wand warf, verwandelte er sich in einen Königssohn. Weil ihn die Prinzessin erlöst hatte, heiratete er sie.

Aufgaben zur Grammatik und Wortbildung

1) Schreibe das Gegenteil.

   Beispiel: Er hat das Märchenbuch eingepackt.

   Er hat das Märchenbuch <u>ausgepackt</u>.

   a) Die Sonne war schon untergegangen.
   b) Auf der Wiese verblühten viele Blumen.
   c) Der Frosch misstraute der Prinzessin.
   d) Die Prinzessin ist schnell zum Brunnen hingelaufen.
   e) Die Prinzessin wollte schnell die Tür öffnen.

2) Ersetze die Verben mit "gehen" durch andere Verben mit der gleichen Bedeutung (Synonyme).

   Beispiel: Es war so heiß, dass viele Pflanzen im Garten eingegangen waren.

   Es war so heiß, dass viele Pflanzen verwelkt waren.

   a) Die Kugel ist in den Brunnen gefallen und sofort untergegangen.
   b) Die Prinzessin beging den Fehler, dem Frosch ein Versprechen zu geben, das sie nicht halten wollte.
   c) Der Frosch ist der Prinzessin hinterhergegangen, denn er wollte nicht, dass sie wieder auseinandergehen.
   d) Dem König entging nicht, dass die Prinzessin ganz durcheinander war.
   e) Nach dem Essen wollte die Prinzessin ohne den Frosch hinausgehen.
   f) Der König ließ das Verhalten seiner Tochter nicht durchgehen und sie musste den Frosch in ihr Zimmer mitnehmen.

3) Lies die Sätze laut. Achte dabei auf die richtige Betonung der Verben.

   a) Der Lehrer der Prinzessin durfte den Unterricht nie überz<u>ie</u>hen.

   b) Es war heiß, und die Prinzessin wollte keine Jacke <u>ü</u>berziehen.

   c) Der Frosch sollte die Kugel w<u>ie</u>derholen.

   d) Die Prinzessin sollte ihre Bitte wiederh<u>o</u>len.

   e) Die Prinzessin wollte dem Frosch unterst<u>e</u>llen, gelogen zu haben.

   f) Bei Regen konnte sich die Prinzessin bei der großen Linde <u>u</u>nterstellen.

4) Erkläre die Bedeutung der Verben unter 3. Forme die Sätze anschließend ins Perfekt ohne Modalverb um.

Beispiel: Die kleinen Häschen wollten immer <u>u</u>mgehen.

Die kleinen Häschen wollten immer toben.

Die kleinen Häschen sind immer umgegangen.

5) Ersetze die Modalverben durch andere Ausdrücke.

Beispiel: Die Prinzessin durfte eigentlich nicht am Brunnen spielen.

Die Prinzessin hatte nicht die Erlaubnis, am Brunnen zu spielen./Der Prinzessin war es nicht erlaubt/verboten, am Brunnen zu spielen./Die Prinzessin hatte nicht am Brunnen zu spielen.

   a) Die Prinzessin wollte die Kugel fangen, aber sie fiel in den Brunnen.

   b) Der Frosch konnte der Prinzessin helfen.

   c) Der Frosch möchte gern der Freund der Prinzessin sein.

   d) Ein Frosch kann kein Spielkamerad für einen Menschen sein.

   e) Die Prinzessin musste den Frosch in ihr Zimmer mitnehmen.

Lösungen

1)

    a) Die Sonne war schon aufgegangen.
    b) Auf der Wiese erblühten viele Blumen.
    c) Der Frosch vertraute der Prinzessin.
    d) Die Prinzessin ist schnell vom Brunnen weggelaufen.
    e) Die Prinzessin wollte schnell die Tür schließen.

2)

    a) Die Kugel ist in den Brunnen gefallen und sofort gesunken.
    b) Die Prinzessin machte den Fehler, dem Frosch ein Versprechen zu geben, das sie nicht halten wollte.
    c) Der Frosch ist der Prinzessin gefolgt, denn er wollte nicht, dass sie sich wieder trennen.
    d) Der König merkte/bemerkte, dass die Prinzessin ganz durcheinander war.
    e) Nach dem Essen wollte die Prinzessin das Zimmer ohne den Frosch verlassen.
    f) Der König akzeptierte das Verhalten seiner Tochter nicht, und sie musste den Frosch in ihr Zimmer mitnehmen.

3)

a) Der Lehrer der Prinzessin durfte die Unterrichtszeit nie überschreiten. Der Lehrer der Prinzessin hat den Unterricht nie überzogen.

b) Es war heiß und die Prinzessin wollte keine Jacke tragen/anziehen. Es war heiß und die Prinzessin hat keine Jacke übergezogen.

c) Der Frosch sollte die Kugel zurückholen/zurückbringen. Der Frosch hat die Kugel wiedergeholt.

d) Die Prinzessin sollte ihre Bitte noch einmal sagen. Die Prinzessin hat ihre Bitte wiederholt.

e) Die Prinzessin hat gesagt/behauptet, dass der Frosch gelogen hat, aber das stimmte nicht. Die Prinzessin hat dem Frosch unterstellt, gelogen zu haben.

f) Bei Regen konnte die Prinzessin Schutz unter der großen Linde finden./sich unter die Linde stellen. Bei Regen hat sich die Prinzessin bei der großen Linde untergestellt.

4)

a) Die Prinzessin hatte die Absicht/hatte vor, die Kugel zu fangen, aber sie fiel in den Brunnen.

b) Der Frosch war in der Lage/Dem Frosch war es möglich, der Prinzessin zu helfen.

c) Der Frosch wünscht sich/hat den Wunsch, der Freund der Prinzessin zu sein./Der Frosch würde gern der Freund der Prinzessin sein.

d) Es ist unmöglich, dass ein Frosch der Spielkamerad eines Menschen ist.

e) Die Prinzessin hatte den Frosch in ihr Zimmer mitzunehmen/Die Prinzessin war gezwungen, den Frosch in ihr Zimmer mitzunehmen.

Das Waldhaus

Fragen zum Text

1) Warum schickte die Mutter die Mädchen in den Wald?
2) Warum kam die älteste Tochter nicht mehr nach Hause?
3) Was machte die jüngste Tochter anders als ihre Schwester?
4) Warum befand sich die jüngste Tochter am Morgen in einem Schloss?

Antworten

1) Die Mädchen sollten dem Vater das Mittagessen in den Wald bringen, weil er zur Mittagszeit nicht nach Hause kommen konnte. Er hatte viel Arbeit, denn es war Herbst und die Tage wurden immer kürzer. Der Vater musste hart arbeiten, weil die Not groß war.
2) Das Mädchen hatte sich im Wald verirrt. In der Nacht kam es zum Waldhaus. Dort verschwand das Mädchen in der Nacht.
3) Die jüngste Tochter gab den Tieren frisches Stroh, Wasser und Futter. Sie kochte dem alten Mann etwas zu essen und brachte nach dem Essen die Küche wieder in Ordnung. Die jüngste Tochter wollte bei den Tieren im Stroh schlafen.
4) Eine böse Hexe hatte den Königssohn, zwei seiner Diener und eine Zofe in einen alten Mann, eine Kuh, ein Hähnchen und ein Hühnchen verzaubert. Das Schloss hatte sie in das Waldhaus verwandelt. Weil das schöne Mädchen am Abend für den alten Mann, schön Hühnchen, schön Hähnchen und die schöne bunte Kuh gesorgt hatte, wurde der böse Zauber in der Nacht gebrochen. Da auch das Waldhaus in der Nacht wieder zurückverwandelt wurde, befand sich das Mädchen am Morgen nicht mehr im Waldhaus, sondern im Schloss.

Aufgaben zur Grammatik und Wortbildung

1) Erkläre die Wörter mit Hilfe eines Relativsatzes.

   Beispiel: Holzfäller

   Ein Holzfäller ist ein Mann, der Bäume fällt.

   a) Waldhaus
   b) Waldarbeiter
   c) Kaminfeuer
   d) Königssohn
   e) Königsschloss
   f) ein wunderschönes Fest

2) Verbinde die beiden Sätze. Beginne die Sätze mit "nachdem".

   Beispiel: Das Mädchen trat ein. Danach bat es um ein Nachtlager

   Nachdem das Mädchen eingetreten war, bat es um ein Nachtlager.

   a) Das Mädchen wusch sich die Hände. Anschließend brachte es den Tieren frisches Stroh.
   b) Das Mädchen versorgte die Tiere mit frischem Wasser. Vorher gab es ihnen frisches Futter.
   c) Das Mädchen kochte etwas zu essen. Anschließend bewirtete es den alten Mann.
   d) Der alte Mann und das Mädchen aßen zusammen. Danach brachte das Mädchen die Küche in Ordnung.
   e) Das Mädchen lief die Treppe hinauf. Dann sah es das Zimmer.
   f) Das Mädchen fand das Zimmer. Und es ging gleich zu Bett.

3) Unter welcher Bedingung wäre vielleicht alles anders gekommen. Verwende für die Vermutungen den Konjunktiv.

Beispiel: Die älteste Tochter achtete nicht auf den Weg, denn die Mutter machte sie nicht darauf aufmerksam.

Wenn die Mutter die älteste Tochter darauf aufmerksam gemacht hätte, hätte sie vielleicht auf den Weg geachtet.

 a) Das Mädchen verlief sich im Wald, denn es achtete nicht auf den Weg.
 b) Das Mädchen lief zu tief in den Wald hinein, denn es erkannte die Gefahr nicht.
 c) Das Mädchen kümmerte sich nicht um die Tiere, denn es besaß selbst auch keine Tiere.
 d) Das Mädchen versorgte die Tiere nicht mit Wasser und Futter, denn der alte Mann bat das Mädchen nicht darum.
 e) Das Mädchen gab dem alten Mann nichts zu essen, denn es wusste nicht, dass er hungrig war.

4) Wie war es nachts im dunklen Wald? Drücke die Vermutungen mit dem Futur aus.

Beispiel: Die Mädchen hatten bestimmt Angst.

Die Mädchen werden (wohl) Angst gehabt haben.

 a) Die Mädchen haben bestimmt an die Eltern gedacht.
 b) Den Mädchen war bestimmt kalt.
 c) Die Mädchen fürchteten sich bestimmt vor wilden Tieren.
 d) Die Mädchen sprachen bestimmt laut mit sich selbst.
 e) Suche selbst weitere Beispiele.

Lösungen

1)

    a) Ein Waldhaus ist ein Haus, das sich im Wald befindet.

    b) Ein Waldarbeiter ist ein Mann, der im Wald arbeitet.

    c) Ein Kaminfeuer ist ein Feuer, das im Kamin brennt.

    d) Ein Königssohn ist ein Junge oder ein Mann, dessen Vater ein König ist.

    e) Ein Königsschloss ist ein prächtiges großes Gebäude, in dem ein König wohnt.

    f) Ein wunderschönes Fest ist ein Fest, das sehr schön ist.

2)

    a) Nachdem sich das Mädchen die Hände gewaschen hatte, brachte es den Tieren frisches Stroh.

    b) Nachdem das Mädchen den Tieren frisches Futter gegeben hatte, versorgte es die Tiere mit frischem Wasser.

    c) Nachdem das Mädchen etwas zu essen gekocht hatte, bewirtete es den alten Mann.

    d) Nachdem der alte Mann und das Mädchen zusammen gegessen hatten, brachte das Mädchen die Küche in Ordnung.

    e) Nachdem das Mädchen die Treppe hinaufgelaufen war, sah es das Zimmer.

    f) Nachdem das Mädchen das Zimmer gefunden hatte, ging es gleich zu Bett./Gleich nachdem das Mädchen das Zimmer gefunden hatte, ging es zu Bett.

3)
    a) Wenn das Mädchen auf den Weg geachtet hätte, hätte es sich vielleicht nicht verlaufen.

    b) Wenn das Mädchen die Gefahr erkannt hätte, wäre es vielleicht nicht zu tief in den Wald hineingelaufen.

    c) Wenn das Mädchen selbst auch Tiere besessen hätte, hätte es sich vielleicht um die Tiere gekümmert.

    d) Wenn der alte Mann das Mädchen darum gebeten hätte, hätte es vielleicht die Tiere mit Wasser und Futter versorgt.

    e) Wenn das Mädchen gewusst hätte, dass der alte Mann hungrig war, hätte es ihm vielleicht etwas zu essen gegeben.

4)
    a) Die Mädchen werden (wohl) an die Eltern gedacht haben.

    b) Den Mädchen wird (wohl) kalt gewesen sein.

    c) Die Mädchen werden sich (wohl) vor wilden Tieren gefürchtet haben.

    d) Die Mädchen werden (wohl) laut mit sich selbst gesprochen haben.

5) Die Mädchen werden (wohl) vor Angst laut gesungen haben.

Die Mädchen werden (wohl) sehr schnell gelaufen sein.

Die Mädchen werden (wohl) über Wurzeln gefallen sein.

Die Zweige werden den Mädchen (wohl) das Gesicht zerkratzt haben.

Der Mond wird (wohl) den Weg etwas erleuchtet haben.

Schneeweißchen und Rosenrot

Fragen zum Text

1) Warum heißen die Mädchen "Schneeweißchen" und "Rosenrot"? Beschreibe die Mädchen.
2) Was war in jenem Winter anders als in den vergangenen Jahren?
3) Wobei haben die Mädchen dem Zwerg geholfen?
4) Warum war der Zwerg böse auf die Mädchen?
5) Fasse alle bösen Taten des Zwerges zusammen.

Antworten

1) Schneeweißchen gleicht dem Rosenbäumchen mit den weißen Rosen, das vor dem Haus steht. Rosenrot gleicht dem Rosenbäumchen mit den dunkelroten Rosen. Beide Mädchen sind sehr schön, arbeitsam, immer fröhlich und freundlich zu allen Leuten. Schneeweißchen ist stiller und sanfter als Rosenrot, die lebhaft und temperamentvoll ist.
2) In jenem Winter kam jeden Abend ein Bär, der mit menschlicher Stimme sprechen konnte. Er wärmte sich am Kaminfeuer und blieb über Nacht bei ihnen. Die Mädchen freundeten sich mit dem Bären an und klopften ihm jeden Abend den Schnee aus dem Pelz.
3) Die Mädchen befreiten den Zwerg, als sein Bart in einem Baumstamm eingeklemmt war. Beim zweiten Mal befreiten die Mädchen den Bart von einer Angelschnur. Der Bart des Zwerges hing an der Angelschnur und ein Fisch wollte den Zwerg ins Wasser ziehen. Beim dritten Mal befreiten die Mädchen den Zwerg aus den Fängen eines Adlers.
4) Der Zwerg war böse auf die Mädchen, weil sie ihm zweimal ein Stück Bart abschneiden mussten. Außerdem wurde seine Hose zerrissen, als sie ihn aus den Fängen des Adlers befreiten. Der Zwerg hatte auch Angst, dass die Mädchen etwas von seinen Schätzen stehlen könnten.
5) Der Zwerg beschimpfte die Mädchen für ihre guten Taten. Er wollte den Bären dazu überreden, die Mädchen zu fressen.

Der Zwerg hatte den Prinzen in einen Bären verwandelt und ihm alle Schätze gestohlen.

Aufgaben zur Grammatik und Wortbildung

1) Welche Bezeichnungen für den Zwerg findest du im Text?

Beispiel: böser Zwerg

2) Wie steht es im Text? Suche die Synonyme zu den unterstrichenen Wörtern und Wortgruppen.

Beispiel: Die Tiere fügten ihnen kein Leid zu.

Die Tiere taten ihnen nichts zuleide.

   a) Die Mädchen hörten den Geschichten der Mutter zu.
   b) Ein Fremder bat darum, dass sie ihn ins Haus ließen.
   c) Wenn ich mich aufgewärmt habe, will ich gleich wieder gehen.
   d) Der Bär lief langsam hinaus in den Wald.
   e) So ging der Winter sehr schnell vorbei.

3) So steht es im Text. Suche Synonyme für die unterstrichenen Wörter.

Beispiel: Ihr steht nur da und haltet Maulaffen feil.

Ihr steht nur da und tut nichts.

   a) Die Mädchen zogen fröhlich los.
   b) Nachdem die Mädchen alle Arbeiten erledigt hatten, vergnügten sie sich.
   c) Der Zwerg hatte die Edelsteine auf einem flachen Stein ausgebreitet.
   d) Die Edelsteine funkelten in der Abendsonne.
   e) Der Bär erschlug den Zwerg mit seiner Tatze.

4) Schreibe aus dem zweiten Abschnitt alle Verben heraus und bilde Infinitiv, Präteritum und Partizip Perfekt. Bilde anschließend aus jedem Verb ein Substantiv mit Artikel und unterstreiche die Verbform, von der das Substantiv gebildet wurde.

Beispiel: sprangen: springen - sprang - gesprungen

der Sprung

5) Bilde aus den unterstrichenen Wortgruppen Sätze.

Beispiel: Der Zwerg bedankte sich nicht <u>für die Hilfe der Mädchen.</u>

Der Zwerg bedankte sich nicht dafür, dass ihm die Mädchen geholfen hatten.

   a) Die Mädchen warteten ungeduldig <u>auf die allabendliche Rückkehr des Bären.</u>

   b) Die Mädchen ärgerten sich nicht <u>über die bösartigen Beleidigungen des Zwerges.</u>

   c) Die Mädchen erzählten der Mutter <u>von dem sehr seltsamen Verhalten des Zwerges.</u>

   d) Die Mädchen wunderten sich <u>über das schnelle Verschwinden des Zwerges in der Höhle.</u>

   e) Alle freuten sich <u>über die Erlösung des Königssohnes.</u>

6) Antworte auf die Fragen mit Hilfe von Infinitivkonstruktionen.

Beispiel: Die Mutter hatte gerade mit dem Vorlesen eines Märchens begonnen. Womit hatte die Mutter gerade begonnen?

Die Mutter hatte gerade damit begonnen, ein Märchen vorzulesen.

a) Klopft mir bitte den Schnee aus dem Pelz. Worum bat der Bär die Mädchen?
b) Die Mädchen konnten die langen Winterabende mit dem Bären verbringen. Worüber waren die Mädchen glücklich?
c) Im Sommer sprangen die Mädchen im Wald umher und spielten mit den Tieren. Worauf freuten sich die Mädchen?
d) Der Zwerg wollte seine Schätze nicht mit den Mädchen teilen. Woran war der Zwerg nicht interessiert?
e) Der Zwerg versteckte seine Schätze. Womit war der Zwerg ständig beschäftigt?

Lösungen

1) der Kleine, der kleine Zwerg, das garstige Männchen, der kleine garstige Zwerg, der kleine Bösewicht, Männchen, ihr alter Bekannter, der garstige und undankbare Zwerg

2)

     a) Die Mädchen lauschten den Geschichten der Mutter.
     b) Ein Fremder bat um Einlass.
     c) Wenn ich mich aufgewärmt habe, will ich gleich weiterziehen.
     d) Der Bär trabte in den Wald hinaus.
     e) So verging der Winter wie im Fluge.

3)

     a) Die beiden Mädchen gingen/liefen fröhlich los.
     b) Nachdem die Mädchen alle Arbeiten beendet/gemacht hatten, vergnügten sie sich.
     c) Der Zwerg hatte die Edelsteine auf einen flachen Stein gelegt.
     d) Die Edelsteine glitzerten/glänzten in der Abendsonne.
     e) Der Bär tötete/schlug den Zwerg mit seiner Tatze tot.

4)

Verb	Infinitiv	Präteritum	Partizip Perfekt	Substantiv
sammelten	sammeln	sammelte	gesammelt	die Sammlung
spielten	spielen	spielte	gespielt	das Spiel
taten	tun	tat	getan	die Tat
gingen	gehen	ging	gegangen	der Gang
flatterten	flattern	flatterte	geflattert	das Flattern
begleiten	begleiten	begleitete	begleitet	die Begleitung
fraßen	fressen	fraß	gefressen	das Fressen
entgegenhielten	entgegenhalten	hielt entgegen	entgegengehalten	das Entgegenhalten
antraten	antreten (2. Person Singular: du trittst an)	trat an	angetreten	der Antritt
überraschte	überraschen	überraschte	überrascht	die Überraschung
geschehen	geschehen	geschah	geschehen	das Geschehen/ das Geschehnis

5)
    a) Die Mädchen warteten ungeduldig darauf, dass der Bär allabendlich zurückkehrte.

    b) Die Mädchen ärgerten sich nicht darüber, dass der Zwerg sie bösartig beleidigte.

    c) Die Mädchen erzählten der Mutter davon, dass der Zwerg sich sehr seltsam verhalten hatte.

    d) Die Mädchen wunderten sich darüber, dass der Zwerg so schnell in der Höhle verschwand.

    e) Alle freuten sich darüber, dass der Königssohn erlöst war.

6)
    a) Der Bär bat die Mädchen darum, ihm den Schnee aus dem Pelz zu klopfen.

    b) Die Mädchen waren glücklich darüber, die langen Winterabende mit dem Bären verbringen zu können.

    c) Die Mädchen freuten sich darauf, im Sommer im Wald umherzuspringen und mit den Tieren zu spielen.

    d) Der Zwerg war nicht daran interessiert, seine Schätze mit den Mädchen zu teilen.

    e) Der Zwerg war ständig damit beschäftigt, seine Schätze zu verstecken.

Brüderchen und Schwesterchen

Fragen zum Text

1) Warum soll das Brüderchen kein Wasser trinken?
2) Wie lernen sich der König und das Schwesterchen kennen?
3) Warum heizt die böse Stiefmutter im Bad so stark ein?
4) Wie nimmt der König den Zauber von dem Schwesterchen?

Antworten

1) Das Brüderchen soll kein Wasser trinken, weil die Quellen vergiftet sind. Wenn das Brüderchen aus der ersten Quelle trinkt, wird es ein Tiger und zerreißt das Schwesterchen. Wenn das Brüderchen aus der zweiten Quelle trinkt, wird es ein Wolf und frisst das Schwesterchen. Wenn das Brüderchen aus der dritten Quelle trinkt, wird es ein Reh und läuft dem Schwesterchen davon.

2) Das Rehlein möchte gern an der Jagd des Königs teilnehmen. Das Schwesterchen erlaubt es und bindet dem Rehlein ihr Strumpfband um. Nach der Jagd folgt ein Diener dem Rehlein bis zum Häuschen. Er beobachtet, wie das Schwesterchen das Rehlein hereinlässt, nachdem das Rehlein mit menschlicher Stimme um Einlass gebeten hat. Der Diener erzählt alles dem König und am zweiten Tag folgt auch der König dem Rehlein. Als er sieht, wie schön das Mädchen ist, geht er zu dem Häuschen und bittet das Schwesterchen darum, seine Frau zu werden.

3) Die hässliche Tochter der Stiefmutter ist neidisch auf das Schwesterchen und will auch Königin werden. Die Stiefmutter lässt so heißes Wasser in die Badewanne, dass die junge Königin ersticken muss. Nun kann die böse Stiefmutter ihre leibliche, aber hässliche Tochter in die hübsche junge Königin verwandeln.

4) Der König setzt sich neben das Bettchen seines Sohnes und wacht bei ihm in der Nacht. Um Mitternacht erscheint die tote Königin. Nachdem sie dem Kind Milch gegeben und es gewiegt hat, fragt sie der König, ob sie seine liebe Frau sei. Damit bricht er den Zauber.

Aufgaben zur Grammatik und Wortbildung

1) Was bedeutet das? Erkläre die Sätze.

Beispiel: Brüderchen und Schwesterchen hatten zu Hause keine gute Stunde mehr.

Brüderchen und Schwesterchen wurden zu Hause nicht gut behandelt.

    a) Das Schwesterchen weinte bitterlich.
    b) Das Schwesterchen fasste schnell Vertrauen und willigte ein.
    c) Die hässliche Tochter war der Meinung, das Glück hätte ihr gebührt.
    d) Eine Dienerin wachte nachts bei dem Kinde.
    e) Die Königin herzte und küsste ihr Söhnchen.
    f) Die Königin erzählte dem König, wie sich alles zugetragen hatte.

2) Drücke die Einräumung
   I) durch einen Nebensatz mit "obwohl"
   II) durch eine Wortgruppe mit "trotz" aus.

Beispiel: Brüderchen und Schwesterchen hatten große Angst vor wilden Tieren. Trotzdem liefen sie in den tiefen Wald hinein.

I) Obwohl Brüderchen und Schwesterchen große Angst vor wilden Tieren hatten, liefen sie in den tiefen Wald hinein.

II) Trotz der großen Angst vor wilden Tieren liefen Brüderchen und Schwesterchen in den tiefen Wald hinein.

a) Es war sehr heiß. Trotzdem trank das Brüderchen nicht aus der ersten Quelle.

b) Das Brüderchen hatte großen Durst. Trotzdem trank es auch nicht aus der zweiten Quelle.

c) Sein Schwesterchen bat ihn darum, kein Wasser zu trinken. Trotzdem trank er aus der dritten Quelle.

d) Das Brüderchen und das Schwesterchen lebten sorgenfrei in dem Häuschen. Trotzdem war das Schwesterchen oft traurig, weil das Brüderchen ein Rehlein war.

e) Das Rehlein lief sehr schnell. Trotzdem konnte ihm ein Diener bis zu dem Häuschen folgen.

3) Ersetze die Wörter mit dem Suffix "-bar"
   I) durch eine Infinitivkonstruktion
   II) durch eine Passivkonstruktion mit Modalverb.

Beispiel: Das Verhalten der bösen Stiefmutter war durch nichts erklärbar.

I) Das Verhalten der bösen Stiefmutter war durch nichts zu erklären.

II) Das Verhalten der bösen Stiefmutter konnte durch nichts erklärt werden.

   a) Es hatte geregnet, sodass einige Waldwege für Brüderchen und Schwesterchen unpassierbar waren.
   b) Im Wald fanden sie genug als Brennmaterial verwendbares Holz.
   c) Die Verwandlung des Brüderchens in ein Rehlein wäre vermeidbar gewesen.
   d) Die bösen Absichten der Stiefmutter waren für das Schwesterchen nicht durchschaubar.
   e) Das Verhalten der bösen Stiefmutter ist mit dem Verhalten der Stiefmutter in dem Märchen "Frau Holle" vergleichbar.

4) Forme die erweiterten Attribute in Nebensätze um.

Beispiel: Die durch den dunklen Wald laufenden Kinder waren sehr müde.

Die Kinder, die durch den dunklen Wald liefen, waren sehr müde.

a) Brüderchen und Schwesterchen kamen zu einem im tiefen Wald stehenden Häuschen.

b) Das in ein Rehlein verwandelte Brüderchen lief dem Schwesterchen nicht davon.

c) Das Rehlein wollte an der in diesem Wald stattfindenden Jagd teilnehmen.

d) Das um den Hals des Rehleins gelegte Strumpfband sollte das Reh vor den Jägern schützen.

e) Die Königin nahm ihr von einer Dienerin bewachtes Kind auf den Arm.

f) Der seine Frau von ganzem Herzen liebende König erlöste sie von dem Zauber.

Lösungen

1)

a) Das Schwesterchen weinte sehr/fürchterlich.

b) Das Schwesterchen vertraute dem König schnell und stimmte seinem Vorschlag zu/sagte ja zu seinem Vorschlag.

c) Die hässliche Tochter war der Meinung, das Glück hätte sie verdient.

d) Eine Dienerin passte nachts auf das Kind auf.

e) Die Königin liebkoste/streichelte und küsste ihr Söhnchen.

f) Die Königin erzählte dem König, wie alles passiert war.

2)

a) I) Obwohl es sehr heiß war, trank das Brüderchen nicht aus der ersten Quelle.

II) Trotz der großen Hitze trank das Brüderchen nicht aus der ersten Quelle.

b) I) Obwohl das Brüderchen großen Durst hatte, trank es auch nicht aus der zweiten Quelle.

II) Trotz seines großen Durstes trank das Brüderchen auch nicht aus der zweiten Quelle.

c) I) Obwohl sein Schwesterchen ihn darum bat, kein Wasser zu trinken, trank das Brüderchen aus der dritten Quelle.

II) Trotz der Bitte seiner Schwester, kein Wasser zu trinken, trank das Brüderchen aus der dritten Quelle.

d) I) Obwohl Brüderchen und Schwesterchen sorgenfrei in dem Häuschen lebten, war das Schwesterchen oft traurig, weil das Brüderchen ein Rehlein war.

II) Trotz des sorgenfreien Lebens von Brüderchen und Schwesterchen in dem Häuschen war das Schwesterchen oft traurig, weil das Brüderchen ein Rehlein war.

e) I) Obwohl das Rehlein sehr schnell lief, konnte ihm ein Diener zu dem Häuschen folgen.

II) Trotz der Schnelligkeit des Rehleins konnte ihm ein Diener zu dem Häuschen folgen.

3)

a) I) Es hatte geregnet, sodass einige Waldwege für Brüderchen und Schwesterchen nicht zu passieren waren.

II) Es hatte geregnet, sodass einige Waldwege von Brüderchen und Schwesterchen nicht mehr passiert werden konnten.

b) I) Im Wald fanden sie genug Holz, das als Brennmaterial zu verwenden war.

II) Im Wald fanden sie genug Holz, das als Brennmaterial verwendet werden konnte.

c) I) Die Verwandlung des Brüderchens in ein Rehlein wäre zu vermeiden gewesen.

II) Die Verwandlung des Brüderchens in ein Rehlein hätte vermieden werden können.

d) I) Die bösen Absichten der Stiefmutter waren für das Schwesterchen nicht zu durchschauen.

II) Die bösen Absichten der Stiefmutter konnten von dem Schwesterchen nicht durchschaut werden.

e) I) Das Verhalten der bösen Stiefmutter ist mit dem Verhalten der Stiefmutter in dem Märchen "Frau Holle" zu vergleichen.

f) II) Das Verhalten der bösen Stiefmutter kann mit dem Verhalten der Stiefmutter in dem Märchen "Frau Holle" verglichen werden.

4)

a) Brüderchen und Schwesterchen kamen zu einem Häuschen, das im tiefen Wald stand.

b) Das Brüderchen, das in ein Rehlein verwandelt war, lief dem Schwesterchen nicht davon.

c) Das Rehlein wollte an der Jagd teilnehmen, die in diesem Wald stattfand.

d) Das Strumpfband, das um den Hals des Rehleins gelegt war, sollte das Reh vor den Jägern schützen.

e) Die Königin nahm ihr Kind, das von einer Dienerin bewacht wurde, auf den Arm.

f) Der König, der seine Frau von ganzem Herzen liebte, erlöste sie von dem Zauber.

Made in the USA
Middletown, DE
29 July 2019